중학 영어의 결정적 단어들

접사·어근

저자 김경하

서강대학교 영문과를 졸업하고 American University에서 TESOL 석사학위를 취득 후, Stoddert Elementary School Volunteer 교사, Spring Hill Elementary School Volunteer 교사, YBM-Sisa Education 강사를 거쳐 현재 부모 및 교사 교육 강연과 영어교재 개발 중이다. 웅진씽크빅 유아 영어교재인 <Cookie Coo> 시리즈와 Bricks 영어 교재인 <Spotlight on Literacy>를 기획자문 및 집필하기도 했다.

대표 저서
<Sight Words 1, 2>, <Picture Descriptions>, <Book Reports>, <Journal Writing>, <초등 영어를 결정하는 영단어>, <초등 영어를 결정하는 영어표현>, <초등 영어를 결정하는 사이트워드>, <초등 5, 6학년 영어에서 놓치면 안 되는 것들>, <중학 영어의 결정적 단어들_반의어>, <중학 영어의 결정적 단어들_콜로케이션> 등

중학 영어의 결정적 단어들 접사·어근

저자 김경하
초판 1쇄 인쇄 2024년 10월 10일
초판 1쇄 발행 2024년 10월 18일

발행인 박효상 편집장 김현 기획 · 편집 장경희, 이한경 디자인 임정현
교정 · 교열 진행 홍윤영 표지 · 내지 디자인 Moon-C design 마케팅 이태호, 이전희 관리 김태옥
종이 월드페이퍼 인쇄 · 제본 예림인쇄 · 바인딩 녹음 YR미디어

출판등록 제10-1835호 발행처 사람in
주소 04034 서울시 마포구 양화로 11길 14-10 (서교동) 3F
전화 02) 338-3555(代) 팩스 02) 338-3545
E-mail saramin@netsgo.com
Website www.saramin.com

책값은 뒤표지에 있습니다. 파본은 바꾸어 드립니다.

ISBN
979-11-7101-018-9 64740
979-11-7101-014-1 (set)

우아한 지적만보, 기민한 실사구시 **사람in**

중학 영어의 결정적 단어들

접사·어근

김경하 지음

사람in
saram
in.com

접두사, 접미사, 어근을 이용한 영단어 학습

이름부터 나쁜 아이 말포이.

『해리 포터』에 나오는 악역 드레이코 말포이를 기억하시나요? 새하얀 얼굴에 밝은 금발 머리를 하고 사사건건 해리를 괴롭히던 그 아이의 이름은 Malfoy로 mal은 bad, evil(나쁜, 사악한)을 의미합니다. foi는 faith(믿음)라는 뜻이니 이름의 뜻만 알아도 악역임을 알 수 있겠죠. 볼드모트(Voldemort) 역시 죽음을 뜻하는 어근 mort가 들어가서 죽음과 연관된 존재라는 느낌을 확 풍깁니다. 영어권 영화나 드라마 속에는 이렇게 이름을 이용해서 등장인물에 대한 힌트를 주는 경우가 많답니다. 영어 단어도 이와 마찬가지로 접사나 어근의 뜻을 알면 모르는 단어를 만나더라도 쉽게 뜻을 유추할 수 있습니다.

단어 암기는 외국어 학습의 시작과 끝이라고 할 만큼 중요하지만, 그 과정은 힘들고 지루하기만 합니다. 새로운 단어들은 낯설고, 해도 해도 끝이 없는 것만 같으니까요. 그래서 영어를 두려워하는 학생들이 가장 싫어하는 활동이 바로 단어 학습입니다. 하지만 영어를 잘하려면 누구도 피해 갈 수 없는 과정이기 때문에 단어 암기에는 다양하고 효과적인 학습법이 필요합니다.

『중학 영어의 결정적 단어들』 1탄에서는 반의어 개념을 이용해 단어를 효과적으로 저장하는 훈련을 했고, 2탄에서는 단어와 짝이 되는 빈출 단어나 어구, 즉 콜로케이션을 이용해서 단어를 빨리 꺼내 쓰는 훈련을 했습니다. 3탄에서는 접두사, 접미사, 어근을 통해 단어를 효율적으로 확장하는 방법을 익히게 됩니다. 학년이 올라갈수록 알아야 할 단어 수는 폭발적으로 늘어납니다. 초등 때와 같이 개별적인 암기만으로는 앞서갈 수 없습니다. 접사와 어근을 활용한 영단어 공부는 이에 대비한 좋은 학습법인 동시에 시험에서 만난 새로운 단어의 뜻을 유추해야 할 때에도 도움이 되는 비법이 될 것입니다. 고급 단계로 가는 필수적인 관문이라고 할 수 있죠.

접사(affix) 중 접두사(prefix)는 단어에 의미를 더하고, 접미사(suffix)는 품사를 바꾸며, 어근(root)은 중심 의미를 담고 있습니다. 예를 들어, 접두사 pre-가 before(이전)라는 의미를 가지고 있다는 것을 안다면 prepay가 미리 돈을 내는 것, 즉 '선불'이라는 것을 유추할 수 있습니다. prehistoric이 역사 이전, 즉 '선사시대의'라는 뜻이라는 것도요. 또, -ible이나 -able 같은 접미사가 능력을 나타내고 형용사를 만드는 접미사라는 것을 안다면 '몸을 구부리다'라는 뜻을 가진 동사 flex에 -ible이 붙어 '유연한'이라는 뜻의 형용사가 된다는 것도 쉽게 알 수 있지요. 품사를 아는 것은 작문을 하거나 특히 문법 문제를 풀 때 매우 유용해서 접미사를 알아 두면 품사를 파악하는 데 큰 도움이 됩니다.

어근은 단어의 중심 의미를 말해줍니다. port가 carry, 즉 '옮기다'라는 뜻을 가지고 있다는 것을 안다면 '밖으로'를 뜻하는 접두사 ex-와 합쳐진 export가 밖으로 옮기는 것, 즉 '수출'을 의미한다는 것을 알 수 있습니다. 반대로 '안으로'를 뜻하는 접두사 im-과 port가 합쳐진 import가 안으로 옮기는 것, 즉 '수입'을 의미하는 것도 쉽게 유추해 낼 수 있습니다.

이렇게 접사와 어근을 이용한 암기 방법이 습관이 되면 단어를 빠르게 암기하고 오래 기억하며 필요한 순간에 손쉽게 떠올릴 수 있습니다. 특히 같은 어원의 단어끼리 외우면 단어 자체가 기억이 잘 되는 것은 물론 뜻도 쉽게 연관하여 유추할 수 있기 때문에 기억에 오래 남는 효과가 있습니다. 또, 접두사나 어근을 생각하며 단어를 외우면 기계적으로 단어를 암기하는 대신 단어의 의미를 새기고 유추하는 과정을 습관들이기 때문에 외국어 학습에 꼭 필요한 생각하는 힘을 기를 수 있습니다. 때문에 영어 학습의 큰 목표가 시험과 수능일 수밖에 없는 중학생들의 환경에서 접두사, 접미사, 어근을 활용한 단어 암기 훈련은 필수적이라고 할 수 있습니다.

김경하

구성 및 특징

접사와 어근 이해로 쉽고 빠른 의미 유추
고급 단계로 가는 필수 단어 책!

단어 탐구

접사와 어근 각각의 의미를 알고 그것이 들어가
있는 단어를 살펴본다. 각 단어가 어떻게 만들어
졌는지 살펴보고, 뜻과 예시 구문까지 알아본다.
원어민 발음을 듣고 따라 읽으며 단어를 체화한다.

Write the Words

단어가 문장 속에서 어떻게 활용되는지
원어민의 목소리를 들으며 귀와 눈으로 익힌다.
직접 단어를 여러 번 써 보며 손의
감각으로도 기억한다.

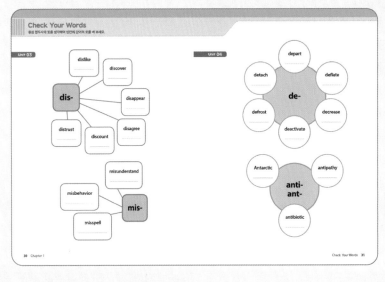

Check Your Words

4개 유닛마다 배운 단어들을 얼마나
잘 암기하고 있는지 각 단어의 뜻을 쓰며
체크해 본다.

이 책의 목차

<<< Chapter 2. 접미사 >>>

<<< Chapter 3. 어근 >>>

Chapter 1.
접두사

- **부정** 접두사
- **방향·위치** 접두사
- **순서** 접두사
- **동작** 접두사
- **관계** 접두사
- **상태** 접두사
- **숫자** 접두사

MP3-001

un- ~이 아닌

1 **unhappy** [ənhǽpi]   un ~이 아닌 + happy 행복한 = 행복하지 않은 → **불행한**

형 ① 불행한, 슬픈   an unhappy memory 불행한 기억

② 불만족스러워하는, 기분이 나쁜   be unhappy about ~에 불만이다

2 **unfair** [ənfér]   un ~이 아닌 + fair 공평한 = 공평하지 않은 → **불공평한**

형 불공평한, 부당한   unfair competition 불공평한 경쟁

extremely unfair 매우 불공평한

3 **unknown** [ənnóun]   un ~이 아닌 + known 알려진 = **알려지지 않은**

형 알려지지 않은, 무명의   an unknown artist 무명의 예술가

명 알려지지 않은 사람, 무명인   be still an unknown 여전히 무명인이다

4 **unlock** [ənlák]   un ~이 아닌 + lock 잠그다 = 잠그지 않다 → **열다**

동 ① (열쇠로) 열다   unlock the door 문을 열다

② (비밀 등을) 털어놓다   unlock the secret 비밀을 털어놓다

5 **uncomfortable** [ənkʌ́mfərtəbəl]

un ~이 아닌 + comfortable 편안한 = 편안하지 않은 → **불편한**

형 ① 불편한   an uncomfortable chair 불편한 의자

② 불쾌한, 기분 나쁜   an uncomfortable fact 불쾌한 진실

6 **unusual** [ənjúːʒuəl]   un ~이 아닌 + usual 평소의, 일반적인, 보통의 = 일반적이지 않은 → **특이한**

형 특이한, 독특한   an unusual talent 특이한 재능

an unusual flavor 독특한 맛

Nonsense!

"It's nonsense!(말도 안 돼!)"는 일상생활에서 많이 쓰는 표현이라 영화 등에서 자주 들을 수 있어요. 그냥 "Nonsense!"라고 하기도 하지요. 이 표현과 함께 어이없어하거나 화를 내는 등장인물들의 표정을 볼 수 있을 거예요.

<**The Hobbit: An Unexpected Journey**(호빗: 뜻밖의 여정 2012)>에서 주인공 Frodo(프로도)는 삼촌을 걱정합니다. 사람들이 삼촌을 odd(이상하고), unsociable(잘 어울리지 못한다)이라며 수군댄다고 삼촌에게 알려드리죠. 이때 프로도의 삼촌은 "Me? Nonsense!(내가? 말도 안 돼!)" 하며 무시해 버려요.

강한 부정은 긍정의 의미도 되기 때문일까요? nonsense라는 반응은 실제 사실이 아니어도 쓰이지만, 종종 발뺌하거나 되레 화를 내 상황을 모면하려 할 때도 쓰인답니다.

non- ~이 아닌

1 **nonfiction** [nɑnfíkʃən]

non ~이 아닌 + fiction 허구, 소설 = 허구가 아닌 글 → **실화(논픽션)**

명 실화, (소설이 아닌) 역사·전기 등의 산문   nonfiction **movies** 실화 영화들(다큐멘터리 등)
nonfiction **books** 비소설 책들

2 **nonsense** [nɑ́nsens]   non ~이 아닌 + sense 의미, 감각 = 의미 없는 말 → **말도 안 되는 말[생각]**

명 터무니없는[말도 안 되는] 소리   **complete** nonsense 완전히 터무니없는 소리

3 **nonstop** [nɑnstɑ́p]   non ~이 아닌 + stop 멈추다 = 멈추지 않는 → **직행의**

형 직행의, 중지 없는   **a** nonstop **flight** 직항

부 쉬지 않고, 중지 없이   **talk** nonstop 쉬지 않고 말하다

1 He was unhappy about his performance. 그는 자신의 성과에 불만족스러웠다.

unhappy	불만족스러운		

2 The grading system was extremely unfair. 그 채점 방식은 매우 불공평했다.

unfair	불공평한		

3 The actor has been unknown for many years. 그 배우는 오랫동안 무명이었다.

unknown	무명의		

4 The pirates unlocked the treasure box. 해적들이 그 보물 상자를 열었다.

unlock	열다		

5 You looked very uncomfortable in the moment. 너는 그때 매우 불편해 보였다.

uncomfortable	불편한		

6 It's unusual to see the snow in this time of year. 일 년 중 이맘때 눈을 보는 것은 특이한 일이다.

unusual	특이한		

7 We enjoy discussing nonfiction books in our book club.

우리는 독서 동아리에서 논픽션 책들에 관해 토론하는 것을 좋아한다.

nonfiction	논픽션		

8 Stop talking nonsense and focus on the facts. 말도 안 되는 소리 그만하고 사실에 집중하세요.

nonsense	말도 안 되는 소리		

9 Jessi decided to take the nonstop bus to Seoul. 제시는 서울로 가는 직행버스를 타기로 결정했다.

nonstop	직행의		

Unit 02 부정 접두사 ② in-, im-

MP3-003

in- ~이 아닌

1 indirect[ìndərékt] in ~이 아닌 + direct 직접적인 = 직접적이지 않은 → **간접적인**

형 간접적인 an indirect **result** 간접적인 결과

indirect **lighting** 간접 조명

2 inactive[ináektiv] in ~이 아닌 + active 활동적인 = 활동적이지 않은 → **소극적인**

형 ① 활동하지 않는, 소극적인 an inactive **volcano** 활동하지 않는 화산(휴화산)

② 효력이 나타나지 않는 inactive **drugs** 효과 없는 약

3 informal[infɔ́:rməl] in ~이 아닌 + formal 격식을 차린, 공식적인 = 격식 없는 → **비공식의**

형 ① 비공식의, 격식에 얽매이지 않는 an informal **interview** 비공식적인 인터뷰

② 일상적인 informal **dress** 평상복

4 injustice[indʒʌ́stis] in ~이 아닌 + justice 정의 = 정의가 아닌 것 → **불평등, 부당함**

명 불평등, 부당함 social injustice 사회적 불평등

against injustice 부당함에 저항하여

5 independent[ìndipéndənt]

in ~이 아닌 + dependent 의존적인 = 의존적이지 않은 → **독립적인**

형 독립적인, 독립된 independent **of** ~로부터 독립적인[독립된]

Plus Independence Day 독립 기념일, 광복절

6 inexpensive[ìnikspénsiv] in ~이 아닌 + expensive 비싼 = 비싸지 않은 → **값싼**

형 비싸지 않은, 값싼 inexpensive **price** 비싸지 않은 가격

Plus inexpensive는 대체로 비싸지는 않지만 품질이 좋은 경우를 의미하고, cheap은 주로 싸고 품질도 별로인 경우에 써요.

Mission Impossible (불가능한 임무)

un- 또는 im-은 '부정'의 의미를 나타내는 접두사예요. 기존의 단어 앞에 간단하게 붙이는 것만으로 확실한 반대의 뜻을 나타낼 수 있기 때문에 짧고 강렬해야 하는 영화 제목에 많이 등장해요.

MISSION: IMPOSSIBLE

(출처: Paramount Pictures, Public domain, via Wikimedia Commons)

영화 시리즈 <**Mission: Impossible**>은 주인공이 매번 불가능해 보이는 임무를 해내는 내용이니 impossible이라는 단어가 딱 어울리지요. 문법적으로는 an impossible mission이라고 해야 맞지만 관객들에게 강렬한 인상을 주기 위해 순서를 바꾸어 사용했다고 해요.

이외에도 breakable(부술 수 있는)에 un을 붙인 <**Unbreakable**(부술 수 없는)>이라는 스릴러 영화도 있어요. '건드릴 수 있는'이라는 뜻의 touchable에 un을 붙인 <**Untouchable**(건드릴 수 없는)>이라는 영화도 있고, <**The Unforgivable**(용서할 수 없는 것)>이라는 영화도 있답니다.

im- ~이 아닌 (in- 뒤에 b, m, p 음이 올 때는 im-이 돼요.)

① **impossible**[impásəbəl]   im ~이 아닌 + possible 가능한 = 가능하지 않은 → **불가능한**

형 불가능한, 있을 수 없는   **an impossible dream** 불가능한 꿈

almost impossible 거의 불가능한

② **impatient**[impéiʃənt]   im ~이 아닌 + patient 참을성 있는 = 참을성 없는 → **안달하는**

형 ① 안달하는, 참지 못하는   **become impatient** 안달이 나다

② 몹시 하고 싶어 하는   **impatient to do** ~하고 싶어 못 견디는

③ **impolite**[ìmpəláit]   im ~이 아닌 + polite 공손한 = 공손하지 않은 → **무례한**

형 무례한, 버릇없는   **impolite behavior** 무례한 행동

an impolite gesture 무례한 몸짓

1 The COVID-19 pandemic had an indirect effect on our mental health.

코로나19 팬데믹은 우리의 정신 건강에 간접적인 영향을 끼쳤다.

indirect	간접적인		

2 Some animals are inactive during the day. 어떤 동물들은 낮 동안에는 활동하지 않는다.

inactive	활동하지 않는		

3 Suji heard some informal news about the school events.

수지는 학교 행사에 관해 비공식적인 소식을 들었다.

informal	비공식의		

4 They used to speak out against injustice. 그들은 불평등에 반대하는 목소리를 내곤 했다.

injustice	불평등		

5 Some children are more independent than others. 어떤 아이들은 다른 아이들보다 더 독립적이다.

independent	독립적인		

6 The restaurant offers delicious and inexpensive meals.

그 식당은 맛있고 저렴한 식사를 제공한다.

inexpensive	비싸지 않은		

7 It seemed impossible that he could finish the race. 그가 경주를 마치는 것은 불가능해 보였다.

impossible	불가능한		

8 Jinsoo was too impatient to wait for his turn. 진수는 자기 차례를 기다리기에 너무 짜증이 났다.

impatient	안달하는		

9 It's impolite to raise your voice in public. 공공장소에서 목소리를 높이는 것은 무례한 행동이다.

impolite	무례한		

Word Box

have an effect on ~에 영향을 미치다   speak out 공개적으로 의견을 말하다   turn 차례

MP3-005

dis- ~하지 않는

1 **dislike** [disláik]   dis ~하지 않는 + like 좋아하다 = 좋아하지 않다 → **싫어하다**

(동) 싫어하다   dislike shopping 쇼핑하는 것을 싫어하다

(명) 싫어하는 것, 싫음   likes and dislikes 호불호, 좋아하는 것과 싫어하는 것

> **Plus** '좋아하는 것, 싫어하는 것'을 나타낼 때는 주로 복수 형태로 써요.

2 **discover** [diskávər]   dis ~하지 않는 + cover 덮다, 가리다 = 덮지 않다 → **발견하다**

(동) ① 발견하다   discover a gold mine 금광을 발견하다

② (몰랐던 것을) 알아내다   discover a fact 사실을 알아내다

3 **disappear** [dìsəpíər]   dis ~하지 않는 + appear 나타나다 = 나타나지 않다 → **사라지다**

(동) ① 사라지다   suddenly disappear 갑자기 사라지다

② 실종되다, 없어지다   disappear without a trace 흔적도 없이 사라지다

4 **disagree** [dìsəgríː]   dis ~하지 않는 + agree 동의하다 = 동의하지 않다 → **의견이 다르다**

(동) 의견이 다르다, 동의하지 않다   disagree with each other 서로 의견이 다르다

strongly disagree 강하게 반대하다

5 **discount** [dískàunt]   dis ~하지 않는 + count 셈, 계산에 넣다 = 셈하지 않는 것 → **할인**

(명) 할인   get a discount 할인을 받다

(동) 할인하다   discount old stock 오래된 재고를 할인하다

6 **distrust** [distrást]   dis ~하지 않는 + trust 믿음, 믿다 = 믿지 않는 것 → **불신**

(명) 불신   a deep distrust 깊은 불신

(동) 불신하다   distrust each other 서로를 믿지 않다

misunderstanding(오해)

misunderstand의 명사형 misunderstanding(오해)은 일상생활에서 정말 자주 쓰는 단어예요.
misunderstanding의 콜로케이션 표현을 통해서 어휘를 확장해 볼까요?

- a simple **misunderstanding** 단순한 오해
- a serious **misunderstanding** 심각한 오해
- a little **misunderstanding** 작은[약간의] 오해
- a complete **misunderstanding** 완전한 오해
- a common **misunderstanding** 흔한 오해
- a terrible **misunderstanding** 끔찍한 오해

mis- 나쁜, 잘못된

① **misunderstand** [mìsəndərstǽnd]

mis 잘못된 + understand 이해하다 = 잘못 이해하다 → **오해하다**

(동) 오해하다   **must have** misunderstood 오해했음에 틀림없다

> **Plus** misunderstand - misunderstood - misunderstood
> must have + p.p.(과거분사): ~했음에 틀림없다

② **misbehavior** [mìsbihéivjər]   mis 잘못된 + behavior 행동 = 잘못된 행동 → **버릇없음**

(명) 잘못된 행동, 버릇없음, 부정행위   **their past** misbehaviors 그들의 지난 잘못된 행동들

> **Plus** 유의어: misconduct(불법 행위), misdeed(비행, 악행)

③ **misspell** [mìsspél]   mis 잘못된 + spell 철자를 맞게 쓰다 = 철자를 잘못 쓰다 → **철자가 틀리다**

(동) 철자를 잘못 쓰다   misspell **a word** 단어의 철자를 잘못 쓰다

1 She disliked the silence in her empty home. 그녀는 빈집의 적막함을 싫어했다.

dislike	싫어하다		

2 Police discovered the new evidence in the field. 경찰은 현장에서 새로운 증거를 발견했다.

discover	발견하다		

3 The love of your family and friends won't disappear. 너의 가족과 친구들의 사랑은 사라지지 않을 것이다.

disappear	사라지다		

4 I strongly disagree with your opinion on that issue. 나는 그 문제에 대한 너의 의견에 강하게 반대한다.

disagree	동의하지 않다		

5 The children will get a big discount on books and toys.

어린이들은 책과 장난감에 대해 크게 할인을 받을 것이다.

discount	할인		

6 They distrust the online reviews on the website. 그들은 그 웹사이트에 올라온 후기는 믿지 않는다.

distrust	불신하다		

7 Please don't misunderstand my intentions. 내 의도를 오해하지 마세요.

misunderstand	오해하다		

8 Teachers were trying to find a reason for her misbehavior.

선생님들은 그녀의 잘못된 행동의 원인을 찾기 위해 노력하고 계셨다.

misbehavior	잘못된 행동		

9 His name was misspelled in the school newspaper. 그의 이름이 학교 신문에 잘못 표기되었다.

misspell	철자를 잘못 쓰다		

부정 접두사 ④ de-, anti-/ant-

MP3-007

de- ~의 반대의, 떨어져서, 아래로

1 detach [ditǽtʃ] de ~의 반대의 + attach 붙이다 = 붙이지 않다 → **떼어내다**

(동) ① 분리하다, 떼어내다 detach **the plug** 플러그를 뽑다

② (~에서 몸을) 멀리하다 detach **yourself from your worries** 걱정으로부터 너 자신을 멀리하다

2 deflate [difléit] de ~의 반대의 + flate 부풀다 = 부푼 것의 반대 → **공기를 빼다**

(동) 공기를 빼다, 수축시키다 deflate **the ball** 공의 바람을 빼다

Plus deflation 명 디플레이션, 물가 하락 ↔ inflation 명 인플레이션, 물가 상승

3 deactivate [diːǽktəvèit] de ~의 반대의 + activate 작동시키다 = 작동시키지 않다 → **비활성화하다**

(동) 정지시키다, 비활성화하다 deactivate **an alarm** 경보 장치를 끄다

4 defrost [difrɔ́ːst] de ~의 반대의 + frost 얼다, 성에가 끼다 = 성에를 제거하다 → **해동하다**

(동) ① (식품을) 해동하다 defrost **meat** 고기를 해동하다

② 성에를 제거하다 defrost **a refrigerator** 냉장고의 성에를 제거하다

5 depart [dipáːrt] de 떨어져서 + part 갈라지다 = 떨어져서 갈라지다 → **떠나다**

(동) 떠나다, 출발하다 depart **from** ~로부터 출발하다

depart **for** ~로[을 향해] 출발하다

Plus departure 명 출발

6 decrease [dikríːs] de 아래로 + crease 자라다 = 아래로 자라다 → **줄이다**

(동) 줄다, 줄이다 slightly decrease 살짝 줄다

Plus 반의어: increase 동 늘다, 늘리다

(명) 감소 a 10% decrease **in sales** 10% 판매 감소

생활 속 접두사

접사가 붙은 단어들은 아무래도 긴 경우가 많아요. 그래서 더 어렵게 느껴지기도 하죠. 하지만 길고 어려운 단어들도 일상생활에서 실제 쓰이는 모습을 본다면 훨씬 쉽게 외워지고 또 오래 기억되죠. 공항에서 **departure**(출발) 안내판을 보거나 약상자에 **antibiotics**(항생제)라고 쓰인 것을 본다면 이 책에서 외웠던 단어를 떠올려 보세요. 공이나 튜브에 바람을 빼는 것을 **deflate**라고 하니 장난감 상자의 겉면이나 사용 설명서에서 이 단어를 찾을 수 있을지도 몰라요. 우리 집 전자레인지에 **defrost**(해동)라고 쓰여 있는지 찾아봐도 재미있겠죠?

anti-/ant- ~에 반대되는

1 **Antarctic** [æntάːrktik]   ant ~에 반대되는 + Arctic 북극의 = 북극에 반대되는 → 남극의

형 남극의   the Antarctic glaciers 남극의 빙하

명 남극   the ecosystem of the Antarctic 남극의 생태계

2 **antibiotic** [æntaibaiάtik]   anti ~에 반대되는 + biotic 생물의 = 생물에 반대되는 → 항생 물질

명 항생제, 항생 물질   an antibiotic shot 항생제 주사

3 **antipathy** [æntípəθi]   anti ~에 반대되는 + pathy 감정 = 반대되는 감정 → 반감, 혐오

명 반감, 혐오   strong antipathy 강한 반감

Plus antipathy to[towards] ~을 향한 반감

Write the Words

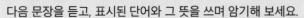

다음 문장을 듣고, 표시된 단어와 그 뜻을 쓰며 암기해 보세요.

MP3-008

1 He decided to detach himself from social media for a while.

그는 한동안 소셜미디어를 멀리하기로 결심했다.

detach	멀리하다		

2 We had to deflate balloons after the party. 파티가 끝난 후 우리는 풍선들의 바람을 빼야 했다.

deflate	공기를 빼다		

3 Using public transportation can help decrease traffic congestion.

대중교통 이용이 교통 체증을 줄이는 데 도움이 될 수 있다.

decrease	줄이다		

4 She deactivated the alarm system before she entered the office.

그녀는 사무실에 들어가기 전에 경보 시스템을 해제했다.

deactivate	비활성화하다		

5 Mom defrosted the chicken before she cooked it. 엄마는 요리하기 전에 닭을 해동하셨다.

defrost	해동하다		

6 The train will depart from Seoul Station at noon. 기차는 정오에 서울역을 출발할 것이다.

depart	출발하다

7 The Antarctic is one of the least explored regions on Earth.

남극은 지구상에서 탐색이 가장 덜 된 지역 중 하나이다.

Antarctic	남극

8 I had to take antibiotics to prevent infection. 나는 감염을 막기 위해 항생제를 복용해야 했다.

antibiotic	항생제

9 There has been a growing antipathy between the two countries.

두 나라 사이에 반감이 커져 왔다.

antipathy	반감

Word Box

public transportation 대중 교통   traffic congestion 교통 혼잡[정체]   explore 연구[탐색, 조사]하다
region 지역, 지방   infection 감염

Check Your Words

중심 접두사의 뜻을 생각하며 빈칸에 단어의 뜻을 써 보세요.

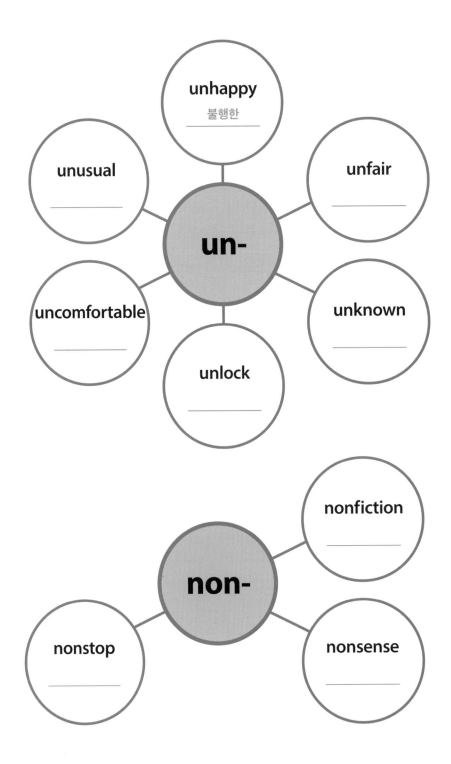

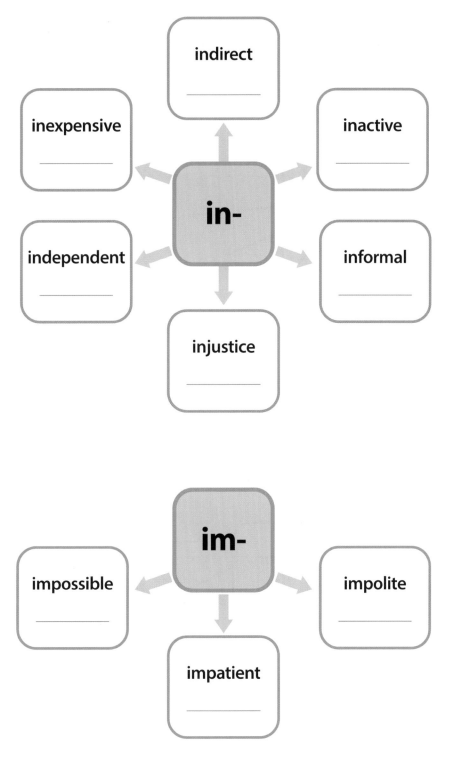

indirect

inexpensive

inactive

in-

independent

informal

injustice

im-

impossible

impolite

impatient

Check Your Words

중심 접두사의 뜻을 생각하며 빈칸에 단어의 뜻을 써 보세요.

Unit 03

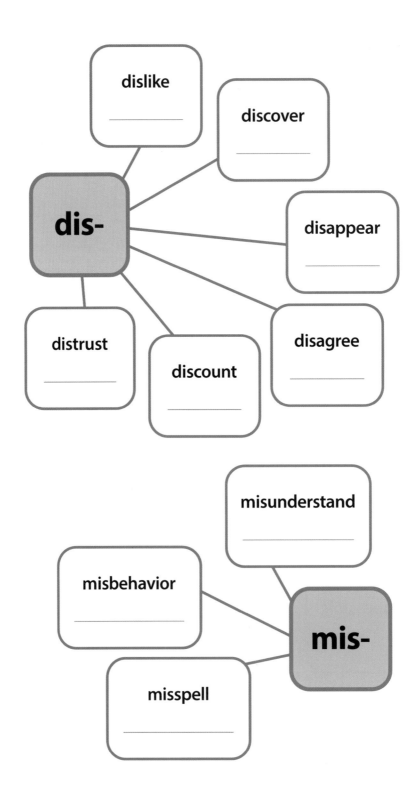

dislike

_____

discover

_____

dis-

disappear

_____

distrust

_____

discount

_____

disagree

_____

misunderstand

_____

misbehavior

_____

mis-

misspell

_____

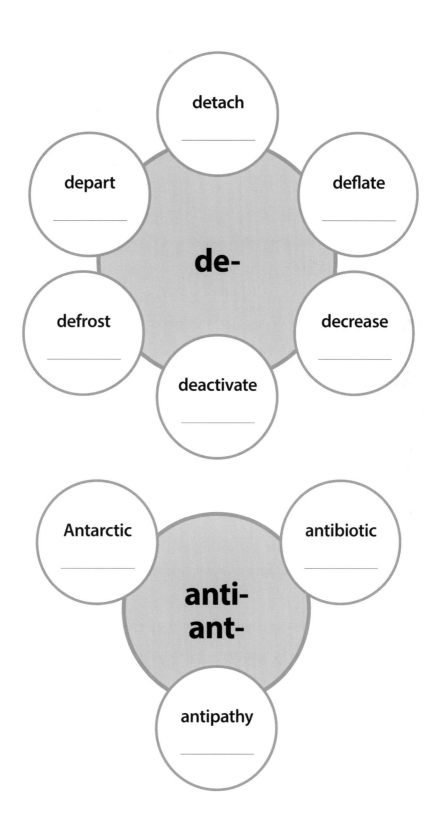

detach

depart

deflate

de-

defrost

decrease

deactivate

Antarctic

antibiotic

anti-
ant-

antipathy

in- 안에

1 indoor [índɔ̀r]   in 안에 + door 문 = 문 안쪽의 → **실내의**

[형] 실내의   **an indoor pool** 실내 수영장   **indoor sports** 실내 운동

---

2 income [ínkʌ̀m]   in 안에 + come 들어오다 = 안으로 들어오다 → **수입, 소득**

[명] 수입, 소득   **a low income** 저소득   **an annual income** 연소득

---

3 invent [invént]   in 안에 + vent 찾아오다 = 안으로 찾아오다 → **새로운 것이 나타나다**

[동] ① 발명하다   **invent the telephone** 전화를 발명하다
　　② 날조하다   **invent excuses** 핑계를 꾸며내다

---

4 install [instɔ́:l]   in 안에 + stall 놓다 = 안에 놓다 → **설치하다**

[동] 설치하다   **install the software** 소프트웨어를 설치하다
　　　　　　install a CCTV CCTV를 설치하다

---

5 infect [infékt]   in 안에 + fect 만들다 = 안에 (병을) 만들다 → **감염시키다**

[동] 감염시키다   **infect people** 사람들을 감염시키다
　　　　　　be infected with a virus 바이러스에 감염되다

---

6 invest [invést]   in 안에 + vest (이익을 위해) ~에게 옷을 입히다 → **투자하다**

[동] 투자하다   **invest a lot of money** 많은 돈을 투자하다
　　　　　　invest time 시간을 투자하다

---

7 involve [inválv]   in 안에 + volve 말다 = 안으로 말아 넣다 → **포함하다**

[동] ① 포함하다, 수반하다   **involve much work** 일이 많이 따라오다
　　② 관련시키다   **involve everyone** 모두를 관련시키다

나의 MBTI는?

MBTI 중에 맨 처음에 오는 E는 '외향적인 성격'을, I는 '내성적인 성격'을 말하지요? 이때 I는 바로 단어 introversion(내향성)의 첫 글자랍니다. E는 extroversion(외향성)의 첫 글자이고요.

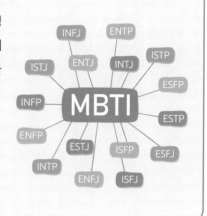

Extroversion 외향성	**I**ntroversion 내향성
Sensing 감각	I**N**tuition 직관
Thinking 사고	**F**eeling 감정
Judging 판단	**P**erceiving 인식

intro- 안으로

1 **introduce** [ìntrədjúːs]   intro 안으로 + duce 이끌다, 가져오다 = 안으로 가져오다 → **소개하다**

  (동) 소개하다   introduce **myself** 나를 소개하다

                  introduce **you to Tom** 너를 Tom에게 소개하다

2 **introvert** [íntrəvəːrt]   intro 안으로 + vert 돌다, 변하다 = 안으로 돌다 → **내향적인**

  (형) 내성적인, 내향적인   introvert **and shy** 내성적이고 소심한

  (명) 내향적인 사람   **an** introvert 내향적인 사람

Write the Words

다음 문장을 듣고, 표시된 단어와 그 뜻을 쓰며 암기해 보세요.

MP3-010

1 We play indoor games on rainy days. 우리는 비 오는 날에는 실내 게임을 한다.

indoor	실내의		

2 His monthly income is over 3,000 dollars. 그의 월수입은 3,000달러가 넘는다.

income	수입		

3 Alexander Graham Bell invented the telephone. 알렉산더 그레이엄 벨이 전화기를 발명했다.

invent	발명하다		

4 She installed a new program on her computer. 그녀는 자기 컴퓨터에 새로운 프로그램을 설치했다.

install	설치하다		

5 Many people were infected with COVID-19. 많은 사람들이 코로나19에 감염되었다.

infect	감염시키다		

6 They invested a lot of money in a new business. 그들은 새로운 사업에 많은 돈을 투자했다.

invest	투자하다		

7 A new investment involves a big risk. 새로운 투자에는 큰 위험이 따른다.

involve	포함하다		

8 I would like to introduce you to my parents. 너를 우리 부모님께 소개하고 싶다.

introduce	소개하다		

9 Many successful writers are introverts and good listeners.
많은 성공한 작가들은 내성적이고 경청하는 사람들이다.

introvert	내성적인 사람		

Word Box
monthly 매달, 한 달에 한 번   investment 투자(액)   risk 위험

ex- 밖에, 밖으로

1 expand [ikspǽnd]   ex 밖으로 + pand 펴다 = 밖으로 펴다 → **확장하다**

동 확대시키다, 확대되다   expand **abroad** 해외로 확대되다

expand **rapidly** 빠르게 확대되다

2 expose [ikspóuz]   ex 밖에 + pose 놓다, 두다 = 밖에 놓다 → **드러내다**

동 드러내다, 노출시키다   expose **your skin to sunlight** 너의 피부를 햇빛에 노출하다

3 exhale [ekshéil]   ex 밖으로 + hale 숨쉬다 = 밖으로 숨쉬다 → **숨을 내쉬다**

동 숨을 내쉬다   exhale **slowly** 천천히 숨을 내쉬다

Plus 반의어: inhale 동 숨을 들이마시다

4 explain [ikspléin]   ex 밖으로 + plain 분명한, 분명하게 하다 = 밖으로 분명하게 하다 → **설명하다**

동 설명하다, 이유를 대다   explain **everything to you** 너에게 모든 것을 설명하다

explain **yourself** 네 입장을 설명하다

5 extract [ikstrǽkt]   ex 밖으로 + tract 끌다, 잡아당기다 = 밖으로 끌어내다 → **뽑다, 추출하다**

동 뽑다, 추출하다   extract **a tooth** 이를 뽑다

명 발췌, 추출물   extract**s from a book** 책에서 발췌한 부분들

6 exclude [iksklú:d]   ex 밖에 + clude 닫다 = 밖에 두고 닫다 → **제외하다**

동 제외하다, 배제하다   exclude **the possibility of** ~의 가능성을 배제하다

Plus exclusive 형 독점적인

반의어: include 동 포함하다

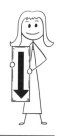

Memory Booster!

inhale & exhale

inhale은 '숨을 들이마신다'는 뜻이고, exhale을 '숨을 내뱉는다'는 뜻이에요. 요가나 필라테스, 또는 운동 전 준비 운동을 할 때 자주 쓰는 표현이지요.

Inhale deeply. 깊이 숨을 들이마시세요.
Exhale slowly. 숨을 천천히 내뱉으세요.

만화영화 <쿵푸팬더>에서 주인공 팬더 Po(포)는 훈련할 때 **in**ner peace(내적인 평화)를 찾으려 하죠. 안팎을 뜻하는 접두사 단어들과 함께 기억해 두면 좋아요.

sub- 아래에

① **submarine**[sʌ̀bməríːn] sub 아래에 + marine 바다의 = 바다 아래의 → **해저의, 잠수함**

형 해저의 submarine **mountains** 해저 산맥

명 잠수함 **a nuclear** submarine 핵 잠수함

② **subtitle**[sʌ́btàitəl] sub 아래에 + title 제목 = 아래에 있는 제목 → **부제**

명 ① (책의) 부제 the subtitle **of a novel** 소설의 부제목

② (영화 등 화면의) 자막 **Korean** subtitles 한국어 자막

Plus '자막'을 나타낼 때는 주로 복수 형태로 써요.

③ **submit**[səbmít] sub 아래에 + mit 보내다 = 아래에 보내다 → **항복하다**

동 ① 항복하다 submit **to the opponent** 상대에게 항복하다

② 제출하다 submit **a proposal** 제안서를 제출하다

1 The K-pop business has expanded globally. K팝 산업이 전 세계적으로 확대되었다.

expand	확대되다		

2 It's important to expose students to diverse cultures.

학생들을 다양한 문화에 노출시키는 것은 중요하다.

expose	노출시키다		

3 Take a deep breath and exhale slowly. 깊게 숨을 들이마신 후, 천천히 내뱉으세요.

exhale	숨을 내쉬다		

4 He explained why he was running late. 그는 왜 늦었는지에 대해 설명했다.

explain	설명하다		

5 The sesame oil is extracted from sesame seeds. 참기름은 참깨에서 추출된다.

extract	추출하다		

6 They will soon be excluded from the program. 그들은 곧 프로그램에서 제외될 것이다.

exclude	제외하다

7 The scientists are working to build a nuclear submarine.

과학자들은 핵 잠수함을 만들기 위해 일하고 있다.

submarine	잠수함

8 I prefer not to turn on Korean subtitles when watching movies.

나는 영화를 볼 때 한국어 자막을 틀지 않고 보는 것을 더 좋아한다.

subtitle	자막

9 We have to submit a team paper by the end of the month.

우리는 월말까지 조별 과제를 제출해야 한다.

submit	제출하다

Word Box

globally 전 세계적으로   diverse 다양한   be running late 늦어지다, 지연되다   sesame 참깨   paper 과제, 논문

방향·위치 접두사 ③ out-, over-

out- 밖에, ~ 넘어

1 outside [àutsáid] out 밖에 + side 쪽 = **바깥쪽**

- 명 겉, 바깥쪽 the outside of the building 건물 바깥쪽
- 형 바깥쪽의, 외부의 an outside toilet 외부 화장실
- 부 밖에, 밖에서 wait outside 밖에서 기다리다

2 outdoor [áutdɔ̀r] out 밖에 + door 문 = **문밖**

- 형 야외의 outdoor activities 야외 활동
  - **Plus** 반의어: indoor 형 실내의

3 output [áutpùt] out 밖에 + put 놓다 = 밖에 놓다(만들어 내서 밖으로 보내는 것) → **생산**

- 명 결과물, 생산(량) an annual output 연간 생산량
- 동 생산하다, 출력하다 output the data 데이터를 생산하다
  - **Plus** 반의어: input 동 입력하다 명 투입, 입력

4 outcome [áutkə̀m] out 밖에 + come 오다 = 밖으로 나오다 → **결과**

- 명 결과, 성과 a positive outcome 긍정적인 결과
  - **Plus** 유의어: result 명 결과

5 outstanding [áutstæ̀ndiŋ] out ~ 넘어 + standing 지위 = 두드러진 위치의 → **뛰어난**

- 형 뛰어난, 두드러진, 중요한 an outstanding success 대단한 성공

6 outperform [àutpərfɔ́:rm] out ~ 넘어 + perform 행하다 = 더 나은 결과를 내다 → **능가하다**

- 동 능가하다, 더 나은 결과를 내다 outperform others 다른 이들을 능가하다

Memory Booster!

insider와 outsider

insider는 '내부자'를 의미하고, outsider는 '외부인'을 뜻해요. insider는 주로 조직이나 단체 등에 잘 어울리는 사람이고, outsider는 반대로 그렇지 못한 사람을 말하죠. 우리가 흔히 '인싸'라고 하는 말이 이 insider를 변형시킨 것이고, '아싸'는 바로 outsider를 줄여 부르는 거예요. 물론 '인싸'나 '아싸'는 정식 영어 표현은 아니랍니다.

공동체의 일원으로 어울리지 못한다는 의미에서 outsider를 부정적인 이미지로 받아들일 수도 있지만, 문맥에 따라 독창적이고 자기만의 세계가 있는 사람들을 의미하기도 한답니다.

over- 위에, ~ 넘어

1 **overlook** [òuvərlúk]   over 위에, ~ 넘어 + look 보다 = 위를 보다 → 못 보고 넘어가다

[동] ① 간과하다, 못 보고 넘어가다   overlook **the fact that** ~한 사실을 간과하다

② 눈감아 주다   overlook **one's faults** ~의 잘못을 눈감아 주다

③ 내려다보다   overlook **the sea** 바다를 내려다보다

2 **overall** [óuvərɔ̀l]   over ~ 넘어 + all 전체 = 전체를 넘어 → **전반적으로**

[형] 전체의, 반반적인, 종합적인   **the** overall **cost of** ~의 전체적인 비용

[부] 대체로, 전반적으로   **go smoothly** overall 대체로 순조롭게 진행되다

3 **overcome** [óuvərkə̀m]   over ~ 넘어 + come 오다 = 넘어서 오다 → **극복하다**

[동] 극복하다   overcome **one's fears** 공포를 극복하다

Plus overcome - overcame(과거) - overcome(과거분사)

1 He was standing outside, waiting for me. 그는 나를 기다리며 밖에 서 있었다.

outside	밖에

2 Our family loves to visit the outdoor market on weekends.

우리 가족은 주말에 야외 장터를 방문하는 것을 좋아한다.

outdoor	야외의

3 The output of the factory has increased significantly. 공장의 생산량은 상당히 증가했다.

output	생산량

4 We could have a better outcome than we expected. 우리는 기대했던 것보다 더 좋은 결과를 얻을 수 있다.

outcome	결과

5 We were impressed by her outstanding performance. 우리는 그녀의 뛰어난 공연에 감명을 받았다.

outstanding	뛰어난

6 She outperformed others and won the gold medal. 그녀는 다른 사람들을 능가하여 금메달을 땄다.

outperform	능가하다		

7 The teacher overlooked our mistakes on the assignment.
선생님은 과제에 대한 우리의 실수를 눈감아 주셨다.

overlook	눈감아 주다		

8 They reduced the overall cost of the school event. 그들은 학교 행사의 총경비를 줄였다.

overall	전반적인		

9 He made an effort to overcome his fear of heights. 그는 고소공포증을 극복하기 위해 노력했다.

overcome	극복하다		

Word Box

significantly 상당히, 크게 impressed 감명을 받은 assignment 과제 reduce 줄이다 make an effort 노력하다
fear of heights 고소공포증(acrophobia)

Unit 08 방향·위치 접두사 ④ under-, up-

under- 아래에

1 underground [ə̀ndərgráund, ə́ndərgràund]   under 아래에 + ground 땅 = 땅 아래에 → **지하에**

- 부 지하에, 지하로   go underground 지하로 가다
- 형 지하의   an underground garage 지하 주차장

2 underwear [ə́ndərwèr]   under 아래에 + wear 옷 = 아래에 입는 옷 → **속옷**

- 명 속옷   in one's underwear 속옷을 입고

3 underestimate [ə̀ndəréstəmeit]

under 아래로 + estimate 평가하다 = 아래로 평가하다 → **과소평가하다**

- 동 과소평가하다   underestimate one's ability ~의 능력을 과소평가하다
- 명 과소평가, 경시   the underestimate of his talents 그의 재능에 대한 과소평가

4 undercover [ə̀ndərkə́vər]   under 아래에 + cover 덮다, 감추다 = 아래에 감추다 → **비밀의**

- 형 비밀리에 하는, 첩보 활동의   an undercover agent 비밀 요원

5 underlie [ə̀ndərlái]   under 아래에 + lie 놓여 있다 = 아래에 놓여 있다 → **기저를 이루다**

- 동 기저를 이루다, 기본이 되다   underlie the new policy 새 정책의 기본이 되다
  - **Plus** underlie - underlay(과거) - underlain(과거분사)

6 underneath [ə̀ndərníːθ]   under 아래에 + neath 아래에 = 아래에 → **~의 밑**

- 전 부 ~의 아래에   underneath the table 탁자 아래에
  - **Plus** under(아래에)는 좀 더 넓고 일반적인 의미의 '아래에'라면, underneath는 '무언가에 덮여서
  가려진 상태의 아래'를 의미한다고 구분하면 쉬워요. 하지만 많은 경우에 두 단어는 같은 의미로 사용돼요.

생활 속 영어 표현 1

우리 생활 속에는 영어 표현들이 많이 들어와 있어요. 우리말로는 표현하기 어려운 티비, 라디오 같은 외래어 말고도 우리말 표현이 있지만 대신 쓰이는 영어 표현들이 많아요. 드라마나 영화 속에서 비밀리에 잠입 수사를 하는 경찰을 '언더커버(**undercover**)'라고 하기도 하고, 속옷이라는 말 대신 '언더웨어(**underwear**)'를 쓰기도 해요. 컴퓨터를 사용하면서 소프트웨어를 '업데이트 (**update**)'하거나, 파일을 '업로드(**upload**)'한다는 말은 이미 대체하기 어렵게 느껴져요. 어떤 제품의 수준을 높인다는 뜻의 '업그레이드(**upgrade**)하다'라는 표현도 마찬가지고요.

미국에서는 대학생을 줄여서 '언더'라고 말하기도 해요. 왜냐하면 대학원생이 graduate students, 학부생이 **undergraduate** students거든요. 생활 속 영어 표현 덕에 많은 단어들을 쉽게 외울 수 있겠죠?

up- 위로, 위

1 **update**[əpdéit] up 위로 + date 날짜를 적다 = 최근의 것으로 바꾸다 → **갱신하다**

[동] 갱신하다, 최신의 것으로 만들다 update information 정보를 최신 것으로 바꾸다

[명] 갱신, 최신 정보 traffic updates 교통 속보

2 **upstairs**[əpstέərz] up 위 + stairs 계단 = 계단 위에 → **2층**

[명] 2층, 위층 a noise coming from upstairs 위층에서 들리는 소음

[형] 위층의 an upstairs room 위층 방, 2층 방

[부] 2층에, 위층에 go upstairs 위층으로 가다

> **Plus** 반의어: downstairs 아래층, 아래층의, 아래층에

3 **upgrade**[əpgréid] up 위로 + grade 품질, 분류하다 = 품질을 높이다 → **개선하다**

[동] ① 개선하다 upgrade one's computer ~의 컴퓨터를 업그레이드하다

② 상위 등급으로 변경하다 upgrade to business class 비즈니스석으로 업그레이드하다

1 My apartment building has an underground garage. 우리 아파트 건물에는 지하 주차장이 있다.

underground	지하의		

2 The child is running around the room in his underwear.

아이는 속옷 바람으로 방안을 뛰어다니고 있다.

underwear	속옷		

3 We shouldn't underestimate the impact of climate change.

우리는 기후 변화의 영향을 과소평가해서는 안 된다.

underestimate	과소평가하다		

4 They were arrested in an undercover police operation. 그들은 경찰의 비밀 위장 작전에서 체포되었다.

undercover	비밀리에 하는		

5 Cultural values underlie the customs of a society. 문화적 가치가 사회 관습의 기본이 된다.

underlie	기본이 되다		

6 The cat likes to hide underneath the blanket. 그 고양이는 이불 아래에 숨는 것을 좋아한다.

underneath	아래에		

7 The computer software was updated during the night.

컴퓨터 소프트웨어는 밤새 업데이트되었다.

update	갱신하다		

8 She went upstairs to her bedroom to get a cell phone.

그녀는 휴대폰을 가지러 2층 침실로 올라갔다.

upstairs	2층에		

9 He is planning to upgrade his skills with an online course.

그는 온라인 강좌로 자신의 기술을 업그레이드하려고 한다.

upgrade	개선하다		

Check Your Words

중심 접두사의 뜻을 생각하며 빈칸에 단어의 뜻을 써 보세요.

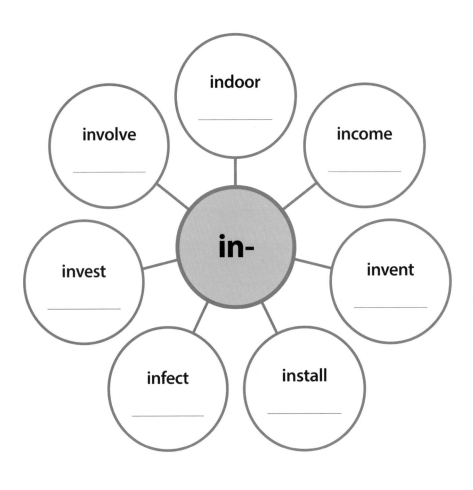

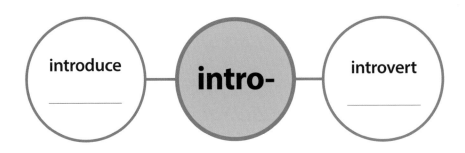

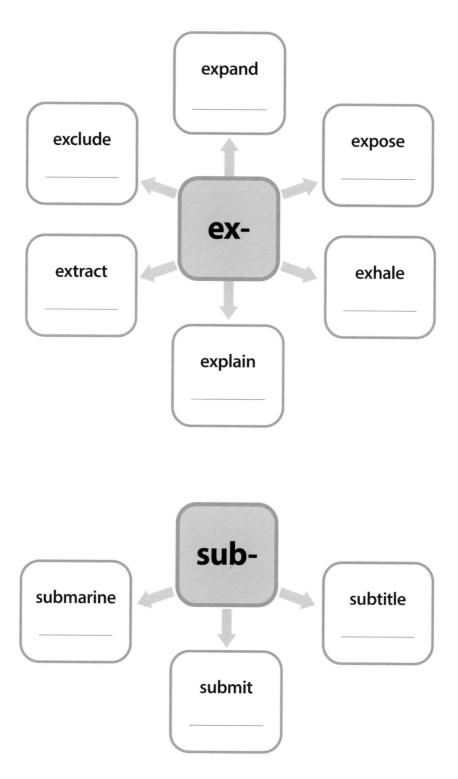

expand

exclude

expose

ex-

extract

exhale

explain

sub-

submarine

subtitle

submit

Check Your Words

중심 접두사의 뜻을 생각하며 빈칸에 단어의 뜻을 써 보세요.

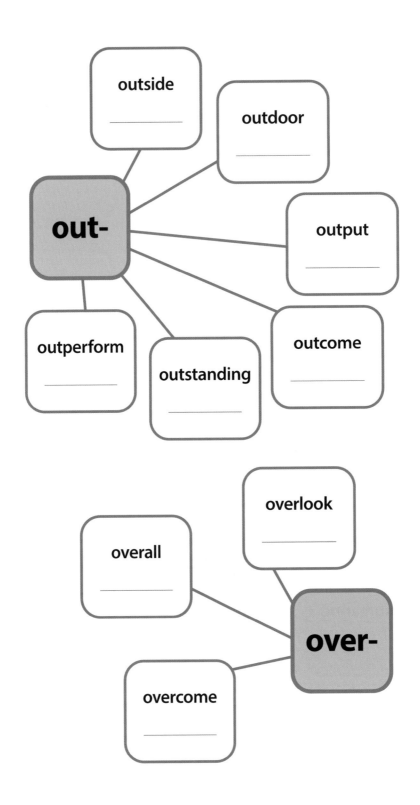

outside
_____

outdoor
_____

out-

output
_____

outperform
_____

outstanding
_____

outcome
_____

overlook
_____

overall
_____

over-

overcome
_____

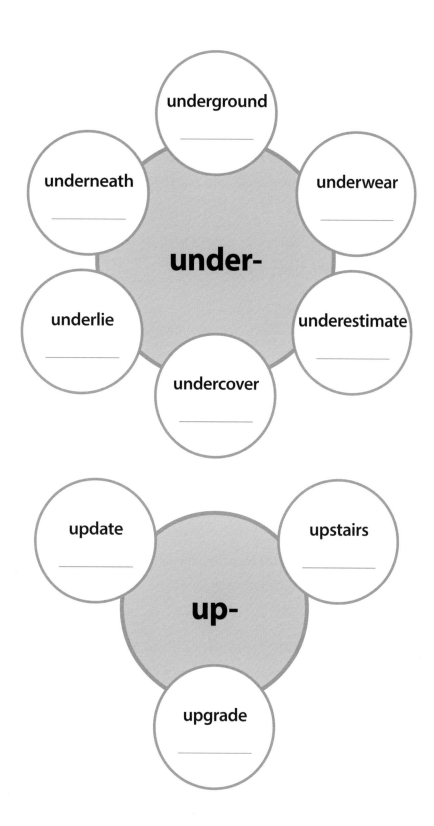

underground

_____

underneath

_____

underwear

_____

under-

underlie

_____

underestimate

_____

undercover

_____

update

_____

upstairs

_____

up-

upgrade

_____

Unit 09 순서 접두사 ① pre-, mid-

MP3-017

pre- 미리, 이전의

1 preview[príːvjùː] pre 미리 + view 보다 = 미리 보다 → **시사회**

명 시사회 a preview of the movie 영화 시사회

동 (앞으로의 일 등을) 간단히 소개하다 preview the new product 새 제품을 간단히 소개하다

2 prepare[pripέər] pre 미리 + pare 준비하다 = 미리 준비하다 → **준비하다**

동 준비하다, 대비하다 time to prepare 준비할 시간

3 prevent[privént] pre 미리 + vent 오다 = 미리 오다 → **예방하다**

동 막다, 예방하다 prevent thieves from stealing it 도둑들이 그것을 훔쳐 가는 것을 막다

prevent an accident 사고를 방지하다

4 prehistoric[prìhistórik] pre 이전의 + historic 역사적인 = 역사 이전의 → **선사시대의**

형 선사시대의 prehistoric fossils 선사시대 화석들

5 precede[prisíːd] pre 미리 + cede 가다 = 먼저 가다 → **선행하다**

동 ~에 앞서다, 선행하다 In the alphabet, the letter B is preceded by the letter A.
알파벳에서 B 앞에 A가 온다.

6 prepay[prìːpéi] pre 미리 + pay 지불하다 = 미리 지불하다 → **선불하다**

동 선불하다, 미리 치르다 prepay the bill 청구서를 미리 지불하다

prepaid card 선불카드

Plus prepay - prepaid(과거) - prepaid(과거분사)

Memory Booster!

mid로 모든 것의 중간을 만들자!

'중간'을 뜻하는 접두사 mid가 붙으면 모든 단어는 그 중간을 의미하게 돼요. **midnight**이 '한밤중' 이 되는 것처럼 **midday**는 한낮의 가운데, 즉 '정오'가 되고, **midweek**은 '한 주의 중간'이 됩니다. **midlife**는 life의 중간이니 '중년'이라는 뜻이 된답니다. 축구에서 중원을 뛰는 선수를 **midfielder**(미드필더)라고 하는 것은 알고 있 죠? 이번엔 달의 이름에 mid를 붙여 볼까요? **mid-December** 하 면 '12월 중순', **mid-July** 하면 '7월 중순'이 돼요. mid라는 접두사 하나로 정말 많은 단어를 만들 수 있죠!

그리고 a.m.은 라틴어로 ante meridiem의 약자인데 영어로 는 before **midday**, 즉 '오전'이라는 뜻이랍니다. p.m.은 post meridiem의 약자로 after **midday**, 즉 '오후'를 말하죠.

before midday

after midday

mid- 중간

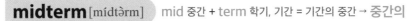

① midterm [mídtə̀rm] mid 중간 + term 학기, 기간 = 기간의 중간 → **중간의**

- 형 중간의 midterm elections 중간 선거
- 명 중간고사 prepare for the midterm 중간고사를 준비하다

② midnight [mídnàit] mid 중간 + night 밤 = 밤의 중간 → **한밤중**

- 명 자정, 한밤중 at midnight 자정에
- 형 한밤중의 a midnight snack 야식

③ midway [mídwèi] mid 중간 + way 길 = 길의 중간 → **중간 지점**

- 형 중간의 at the midway point of the semester 학기의 중간에
- 부 (시간·거리상으로) 중간[도중]에 midway through ~의 중간에

1 I watched a special preview of the movie last night. 나는 어젯밤에 그 영화의 특별 시사회를 보았다.

preview	시사회		

2 We studied hard to prepare for the exams. 우리는 시험에 대비하기 위해 열심히 공부했다.

prepare	대비하다		

3 Preventing pollution is essential for protecting the environment.

공해를 방지하는 것은 환경을 보호하는 데 필수적이다.

prevent	방지하다		

4 They discovered prehistoric tools and artifacts. 그들은 선사시대의 도구와 유물들을 발견했다.

prehistoric	선사시대의		

5 The concert was preceded by a rehearsal. 콘서트는 리허설 후에 진행되었다.

precede	선행하다		

6 You'll need to prepay for your online orders. 온라인으로 주문한 것은 미리 돈을 지불해야 한다.

prepay	선불하다		

7 I have a midterm exam in history next week. 나는 다음 주에 역사 과목 중간고사가 있다.

midterm	중간의		

8 She made a wish at the stroke of midnight. 그녀는 자정을 알리는 종이 칠 때 소원을 빌었다.

midnight	자정		

9 The marathon runners reached the midway point of the race.

마라톤 주자들은 경주의 중간 지점에 이르렀다.

midway	중간의		

Word Box

tool 연장, 도구   artifact (역사적·문화적 의미가 있는) 인공물, 가공품   stroke (시계나 종이) 치는[울리는] 소리

순서 접두사 ② pro-, fore-

MP3-019

pro- 앞으로, 앞에

1 **produce** [prədjúːs]   pro 앞으로 + duce 이끌다, 가져오다 = 앞으로 이끌다 → **생산하다**

  ⟨동⟩ ① (어떤 결과를) 야기하다, 초래하다   produce **good results** 좋은 결과를 낳다

       ② 생산하다, (자식·새끼를) 낳다   produce **cars** 자동차를 생산하다

  ⟨명⟩ 생산품, 농작물   **farm** produce 농작물

2 **promote** [prəmóut]   pro 앞으로 + mote 움직이다 = 앞으로 움직이다 → **촉진하다**

  ⟨동⟩ ① 촉진하다   promote **economic growth** 경제 성장을 촉진하다

       ② 홍보하다   promote **his new album** 그의 새 음반을 홍보하다

       ③ 승진시키다   **be** promoted **to a director** 책임자로 승진되다

3 **progress** [prəgrés, práːgres]   pro 앞으로 + gress 걷다 = 앞으로 걷다 → **진행하다**

  ⟨동⟩ 진행하다, (앞으로) 나아가다   progress **slowly** 천천히 진행하다

  ⟨명⟩ 진행, 성장   **a student's** progress 학생의 성장

4 **proverb** [právəːrb]   pro 앞에 + verb 말 = 옛날부터 전해오는 말 → **속담**

  ⟨명⟩ 속담, 격언   **Korean** proverbs 한국 속담

       As an old proverb **says** 오랜 속담에 이르기를

5 **protect** [prətékt]   pro 앞에 + tect 덮다 = 앞에서 덮어주다 → **보호하다**

  ⟨동⟩ 보호하다, 지키다   protect **A from B** B로부터 A를 지키다

6 **promise** [práːmis]   pro 앞으로 + mise 보내다 = 앞으로 보내다 → **앞일을 약속하다**

  ⟨동⟩ 약속하다   promise **to call you** 너에게 전화할 것을 약속하다

  ⟨명⟩ 약속, 장래성   **break his** promise **to his friend** 친구에게 한 그의 약속을 어기다

접미사 –er, –or로 사람을 만들어보자!

단어의 앞에 붙는 접두사로는 단어의 의미를 바꾸고, 뒤에 붙는 접미사로는 단어의 품사를 바꿀 수 있어요. 사람을 뜻하는 접미사 -er, -or을 붙여 '~하는 사람'을 만들어 볼까요?

pro-duce-**er** ⇒ **producer** 프로듀서

pro-test-**er** ⇒ **protester** 시위자

fore-cast-**er** ⇒ **forecaster** 기상통보관

pro-tect-**or** ⇒ **protector** 보호자

pro-pose-**er** ⇒ **proposer** 제안자

물론 -er이나 -or이 붙는다고 항상 사람을 뜻하는 것은 아니에요. **projector**(영사기)처럼 기계나 도구를 의미하기도 하죠.

fore- 앞에, 미리, 전에

① **forecast** [fɔ́ːrkæ̀st]　fore 미리 + cast 던지다 = 미리 던지다 → 예측하다

　(명) 예측, 예보　a weather forecast 일기 예보

　(동) 예측하다, 예보하다　forecast the future 미래를 예측하다

---

② **forehead** [fɔ́ːrhèd]　fore 앞에 + head 머리 = 머리 앞부분 → 이마

　(명) 이마　a small scar on her forehead 그녀의 이마에 있는 작은 흉터

---

③ **forefather** [fɔ́ːrfàðər]　fore 전에 + father 아버지 = 아버지 전에 → 조상

　(명) 조상, 선조　stories about the bravery of our forefathers

　　　　　　　　우리 선조들의 용감함에 대한 이야기들

　Plus ancestor(조상)와 같은 의미이지만 ancestor는 일반적으로 넓은 의미의 조상을 의미하고,

　forefather는 상대적으로 역사적인 일을 한 선조들을 묘사할 때 쓰여요.

1 The farmers produce a variety of fresh vegetables. 농부들은 다양한 종류의 신선한 채소를 생산한다.

produce	생산하다		

2 He was promoted to the position of manager. 그는 매니저 자리로 승진되었다.

promote	승진시키다		

3 They made great progress in their academic performance.

그들은 학업 성취도 면에서 놀라운 성장을 했다.

progress	성장		

4 Proverbs reflect cultural values and beliefs. 속담은 문화적인 가치와 믿음을 보여준다.

proverb	속담		

5 Vaccination can protect you from many infectious diseases.

예방접종은 여러 가지 감염병으로부터 너를 보호할 수 있다.

protect	보호하다		

6 I promise that I will keep working hard. 나는 계속해서 열심히 하겠다고 약속한다.

promise	약속하다		

7 According to the forecast, it would rain heavily tomorrow.

예보에 따르면, 내일은 비가 많이 내릴 것이다.

forecast	예보		

8 My forehead was covered in acne last year. 작년에 내 이마는 온통 여드름투성이였다.

forehead	이마		

9 Their forefathers established a new nation two hundred years ago.

그들의 조상은 200년 전에 새로운 나라를 세웠다.

forefather	조상		

Word Box

a variety of 여러 가지의 reflect 나타내다, 보여주다 vaccination 예방접종 infectious 전염성의 acne 여드름
establish 설립하다, 세우다

동작 접두사 ① re-, col-

MP3-021

re- 다시, 뒤로

❶ replay [ri:pléi]　re 다시 + play (놀이, 게임 등을) 하다 = **다시 하다**

[동] (스포츠) 재경기를 하다, 재생하다, 다시 보다[듣다]　replay **the game** 경기를 다시 하다

[명] 재경기, 다시 보기[듣기]　a replay **of the key moments** 주요 순간들의 다시 보기

---

❷ return [rité:rn]　re 뒤로 + turn 돌리다 = 뒤로 돌리다 → **돌아오다**

[동] 돌아오다[돌아가다], 반납하다　return **to Seoul** 서울로 돌아오다

> **Plus** return to + 장소: 보통의 장소 앞에는 return to를 쓰지만 '집으로 돌아오다'를 말할 때는 return home으로 to를 쓰지 않아요.

[명] 돌아옴[돌아감], 반납, 귀환　the king's return **to the throne** 왕의 왕위 복귀

---

❸ recycle [ri:sáikl]　re 다시 + cycle 순환하다 = 재순환하다 → **재활용하다**

[동] 재활용하다, 재생하다　recycle **paper** 종이를 재활용하다

---

❹ review [ri:vjú:]　re 다시 + view 보다 = 다시 보다 → **재검토하다**

[동] 재검토하다, 비평하다　review **the results** 결과를 재검토하다

[명] 검토, 논평　a peer review 동료 평가

---

❺ remove [ri:mú:v]　re 뒤로 + move 움직이다 = 뒤로 움직이다 → **치우다**

[동] ① 치우다, 옮기다, 벗다　remove **your shoes at the door** 현관에서 신발을 벗어라

② 제거하다　remove **stains** 얼룩을 제거하다

---

❻ recover [ri:ikʌ́vər]　re 다시 + cover 덮다 = 다시 덮어 복구하다 → **되찾다**

[동] ① 회복되다　recover **from the cold** 감기로부터 회복되다

② (손실을) 만회하다　recover **the loss** 손실을 만회하다

생활 속 영어 표현 2

재활용품을 모으는 통에서 **recycle**(재활용)이라는 단어를 본 적이 있나요? **recycle** bin(재활용 상자)이라고 쓰여 있기도 하죠. 화장품이나 집 안 청소에 쓰이는 용품들을 보면 **remover**라는 단 어도 발견할 수 있을 거예요. remove에 -er을 붙여 화장이나 얼 룩을 제거하는 물건을 말하죠.

이처럼 글자로 만나는 것 외에도 드라마나 영화를 '리뷰(**review** 비평)'한다거나 어떤 선수들이 '리매치(**rematch** 재경기)'한 다, 누가 '리타이어(**retire** 은퇴하다)'했다, 어떤 분야를 '리서치 (**research** 연구)'한다는 것처럼 '다시'를 뜻하는 접두사 re-가 사 용되는 곳은 정말 많아요.

col- 함께

1 **collect** [kəlékt]   col 함께 + lect 모으다 = 함께 모으다 → **수집하다**

동 모으다, 수집하다   collect **information** 정보를 모으다

collect **signatures** 사인을 모으다

2 **colleague** [káːliːg]   col 함께 + league 위임하다 = 함께 일하는 사람 → **동료**

명 동료   a former colleague 예전 동료

his colleague **at the law firm** 그의 법률회사 동료

3 **collaborate** [kəlǽbərèit]   col 함께 + laborate 일하다 = **함께 일하다**

동 협력하다, 공동으로 작업하다   collaborate **with the enemy** 적과 협력하다

Write the Words

다음 문장을 듣고, 표시된 단어와 그 뜻을 쓰며 암기해 보세요.

1 They replayed the game until they won. 그들은 이길 때까지 게임을 다시 했다.

replay	재경기를 하다		

2 We prayed for them to return home safely. 우리는 그들이 집에 무사히 돌아오기를 기도했다.

return	돌아오다		

3 I make an effort to recycle cans and bottles. 나는 캔과 병을 재활용하기 위해 노력한다.

recycle	재활용하다		

4 The teacher will review the students' assignments. 선생님은 학생들의 과제를 재검토할 것이다.

review	재검토하다		

5 Please remove your bicycle from the hallway. 자전거를 복도에서 치워주세요.

remove	치우다		

6 She started to recover from major surgery. 그녀는 큰 수술로에서 회복되기 시작했다.

recover	회복하다		

7 The detective collected evidence from the crime scene. 형사는 범죄 현장에서 증거를 모았다.

collect	모으다		

8 It's helpful to consult with a trusted colleague. 믿을 만한 동료와 상의를 하는 것은 도움이 된다.

colleague	동료		

9 Singers and producers often collaborate to make hit songs.
가수와 프로듀서들은 히트곡을 만들기 위해 종종 공동 작업을 한다.

collaborate	공동으로 작업하다		

Word Box

hallway 복도   major surgery 대수술, 큰 수술   detective 형사   scene (사건의) 장소, 현장   consult 상의하다, 상담하다
trusted 믿을 수 있는

동작 접두사 ② trans-, auto-

trans- (다른 장소·상태로) 변화, 이전하여, 건너서

1 transform [trænsfɔ́rm]

trans 변화 + form 형성하다 = 형태를 다른 모습으로 바꾸다 → **변화시키다**

동 바꾸다, 변화시키다, 변형되다 transform **the box into a toy house**
상자를 장난감 집으로 바꾸다

---

2 translate [trænsléit] trans 변화 + late 옮기다 = 말을 옮기다 → **번역하다**

동 번역하다, 번역되다 translate **A into B** A를 B로 번역하다

Plus interpret(통역하다)도 비슷한 의미예요. interpreter는 일반적으로 동시통역사 등의
통역사를 칭할 때 자주 쓰여요.

---

3 transfer [trænsfə́:r] trans 이전하여 + fer 옮기다 = **이쪽에서 저쪽으로 이동시키다**

동 ① (장소를) 옮기다, 이동하다, 송금하다 transfer **one's savings** ~의 저축을 이체하다

② 전학하다, 전근하다 transfer **to a new school** 새 학교로 전학하다

명 이동, 전학, 전근, 이적 **data** transfer 자료 전송

---

4 transport [trænspɔ́:rt] trans 이전하여 + port 옮기다 = **이쪽에서 저쪽으로 옮기다**

동 수송하다, 실어 나르다 transport **the goods** 물건을 실어 나르다

명 수송(= transportation), 교통수단 **air** transport 항공 수송

---

5 transplant [trænsplǽnt] trans 이전하여 + plant 심다 = **옮겨 심다**

동 이식하다, 옮겨 심다 transplant **a liver** 간을 이식하다

명 이식 **a kidney** transplant 신장 이식

---

6 transparent [trænspέərənt] trans 건너서(across) + parent 보이다 = 통과하여 보이다 → **투명한**

형 ① 투명한 transparent **glass** 투명한 유리

② 명백한 **a** transparent **excuse** 뻔한 변명

긴 단어도 접사를 알고 보면 쉬워요

trans-는 across, beyond라는 뜻, 그리고 **auto-**는 self라는 뜻을 가지는 접두사예요. 이렇게 접두사가 긴 경우에는 단어가 길어져서 자칫 어렵게 느껴질 수 있지만 해당 접두사의 의미를 알면 오히려 뜻을 유추하기 쉬워진답니다.

trans와 form이 합쳐져서 '모양을 바꾸다, 변화시키다'는 뜻이 된 **transform**에 -er을 붙이면 '변형시키는 것, 변압기'라는 뜻이 돼요. **transformer**는 사실 영화 제목으로 더 유명하지요. 외계의 로봇들이 지구에 와서 자동차 모양으로 transform 해서 살고 있으니 그보다 더 단어 뜻이 명확할 순 없을 거예요.

auto 역시 의미를 알면 단어 뜻을 유추하는 데 큰 도움이 되죠. **autopilot** 하면 '자동 조종 장치'를, **automatic**은 '자동의', **autonomous**는 '자율적인'이라는 뜻이 된답니다. autonomic nervous system이라는 표현을 시험에서 만났다면 어떨까요? nervous가 '신경의'라는 뜻을 안다면 auto에서 힌트를 얻어 '자율신경계'라는 뜻을 생각해 낼 수 있을 거예요.

auto- 스스로

1 **autograph** [ɔ́ːtəgræf]   auto 스스로 + graph 쓰기, 그리기 = **직접 손으로 쓰기**

명 (유명인의) 사인, 친필   **sign an** autograph 사인하다

동 사인을 해주다, 자필로 쓰다   autograph **their CDs** 그들의 CD에 사인을 해주다

Plus signature(서명)는 보통 신용카드를 사용할 때나 문서 등에 하는 '서명'이라는 뜻으로 쓰이고 autograph는 유명인들의 기념 서명을 말할 때 쓰여요. 우리가 흔히 '사인해 주세요'라고 할 때 쓰는 사인은 사실 autograph를 의미하는 것이랍니다.

2 **automobile** [ɔ́ːtəməbíːl]   auto 스스로 + mobile 움직이는 = 스스로 움직이는 → **자동차**

명 자동차   **the** automobile **industry** 자동차 산업

3 **autobiography** [ɔ́ːtəbaiáːgrəfi]   auto 스스로 + biography 전기 = 스스로의 전기 → **자서전**

명 자서전   **read his** autobiography 그의 자서전을 읽다

1 The wizard transformed the frog into a prince. 마법사는 개구리를 왕자로 변화시켰다.

transform	변화시키다		

2 He translated the bestseller novel from English into Korean.

그는 베스트셀러 소설을 영어에서 한국어로 번역했다.

translate	번역하다		

3 She will transfer to another school next year. 그녀는 내년에 다른 학교로 전학을 갈 것이다.

transfer	전학하다		

4 We were encouraged to travel by public transport. 우리는 대중교통을 이용해 이동하도록 권유받았다.

transport	교통 수단		

5 The patient successfully received a heart transplant. 그 환자는 성공적으로 심장 이식을 받았다.

transplant	이식		

6 Communication should be open and transparent to build trust.

신뢰를 쌓으려면 소통이 열려 있고 투명해야 한다.

transparent	투명한		

7 Could I have your autograph? 사인 좀 해 주시겠어요?

autograph	사인		

8 Electric automobiles are becoming increasingly popular.

전기 자동차는 점점 더 많이 인기를 얻고 있다.

automobile	자동차		

9 He began writing his autobiography to share his life story.

그는 자신의 인생 이야기를 나누기 위해 자서전을 쓰기 시작했다.

autobiography	자서전		

Word Box

be encouraged to ~하도록 격려받다   increasingly 점점, 더욱, 갈수록

Check Your Words

중심 접두사의 뜻을 생각하며 빈칸에 단어의 뜻을 써 보세요.

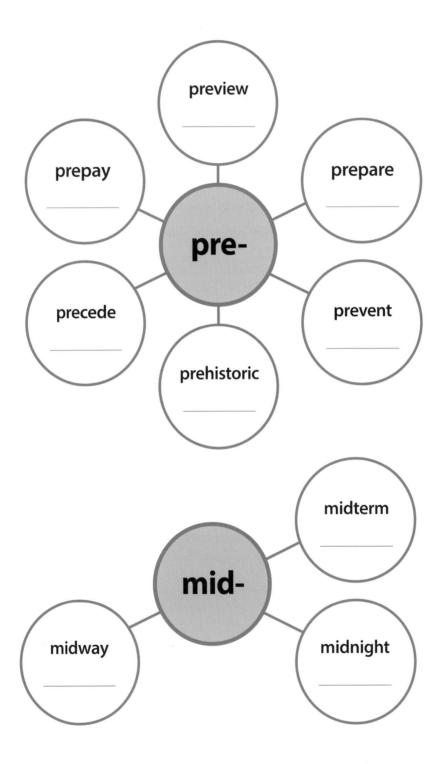

Unit 09

preview
_____

prepare
_____

prepay
_____

prevent
_____

precede
_____

prehistoric
_____

pre-

midterm
_____

mid-

midway
_____

midnight
_____

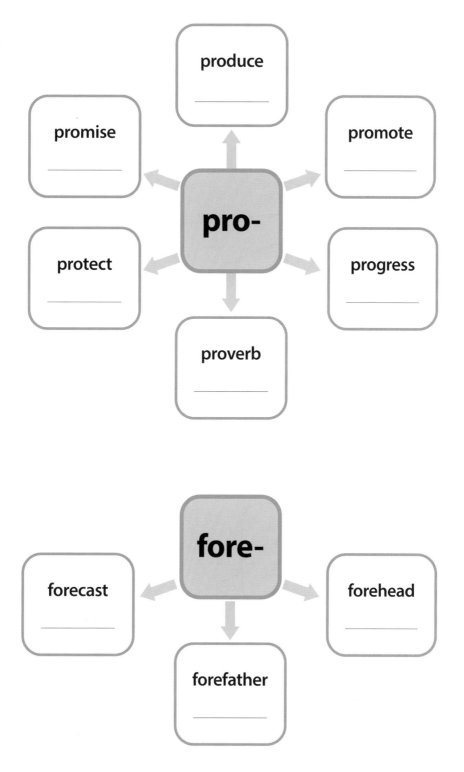

Unit 11

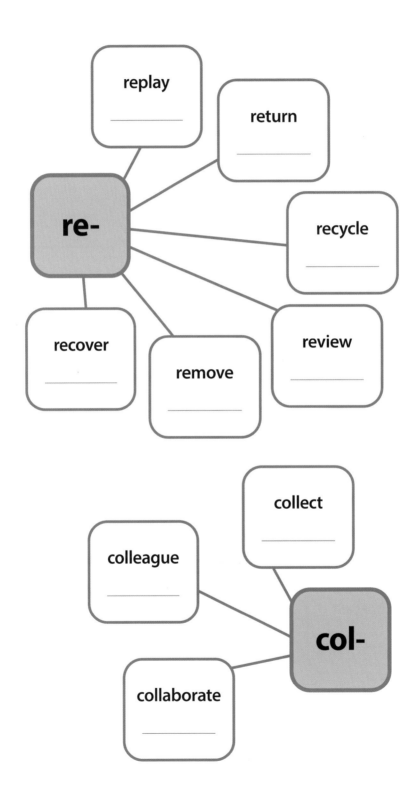

replay
_____

return
_____

re-

recycle
_____

recover
_____

remove
_____

review
_____

collect
_____

colleague
_____

col-

collaborate
_____

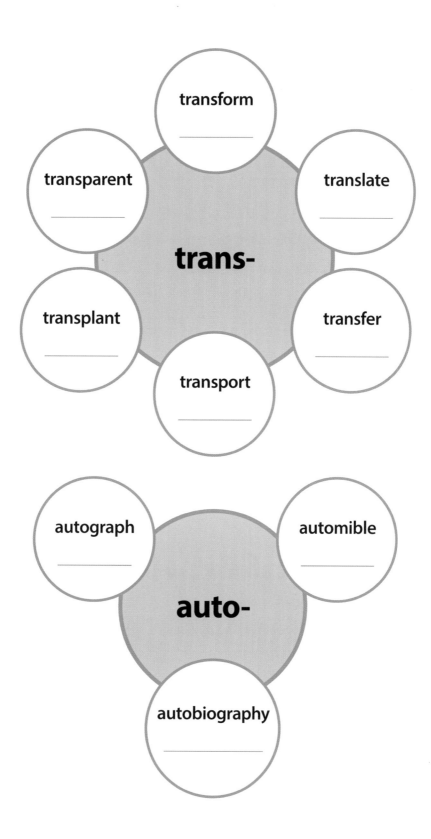

transform
_____

translate
_____

trans-

transparent
_____

transplant
_____

transport
_____

transfer
_____

autograph
_____

automible
_____

auto-

autobiography
_____

MP3-025

com-/con- 함께, (강조) 완전히

1 compact [kəmpǽkt] com 함께 + pact 고정시키다 = 함께 고정된 → 꽉 찬

형 ① 꽉 찬, 빽빽한 in a compact mass 밀집하여

② 간편한, 소형의 a compact car 소형차

2 combine [kəmbáin] com 함께 + bine 둘씩 = 둘이 함께 있게 하다 → 결합하다

동 ① 결합하다, 결합되다 combine A with B A를 B와 결합하다

② 겸비하다 combine strength with flexibility 힘과 유연함을 겸비하다

3 complain [kəmpléin] com (강조) 완전히 + plain 한탄하다 = 매우 한탄하다 → 불평하다

동 불평하다, 항의하다 complain about ~에 대해 불평하다

Plus complaint 명 항의 make a complaint 항의하다, 불평하다

4 combat [kám:bæt] com 함께 + bat 치다, 때리다 = 함께 때리다 → 싸우다

동 싸우다 combat terrorism 테러와 싸우다

명 전투 a combat helmet 전투모

5 construct [kənstrʌ́kt] con 함께 + struct 짓다, 쌓다 = 함께 짓다 → 건설하다

동 ① 건설하다 construct a bridge 다리를 건설하다

② 구성하다 construct a new theory 새로운 이론을 세우다

6 conflict [ká:nflikt, kənflíkt] con 함께 + flict 치다 = 함께 치다 → 갈등, 싸우다

명 갈등, 충돌 the conflict between A and B A와 B 사이의 갈등

동 상충하다 conflict with ~와 상충하다

Memory Booster!

생활속 영어 표현 3

com-은 together 또는 강조의 의미로 쓰이는 접두사예요. 피자를 주문할 때 모든 토핑이 다 들어간 것을 콤비네이션 피자라고 하죠? '결합하다'라는 뜻의 **combine**의 명사형이 바로 **combination**이에요. 농기계 중에도 콤바인(**combine**)이 있어요. 곡식을 베고 탈곡하는 두 가지 일을 하기 때문에 콤바인이라 불려요.

con-도 together, 또는 with의 의미죠. 콘택트렌즈(**contact lens**)나 콘테스트(**contest** 대회), 콘퍼런스(**conference** 회의, 회담) 등도 함께 기억해 두면 좋아요. 무언가 모이고 합쳐서 하는 이미지를 떠올려 보세요.

sym- 함께, 동시에, 비슷한

1 **sympathy**[símpəθi] sym 함께 + pathy 느끼는 것 = 함께 느끼는 것 → **동정, 공감**

명 ① 동정, 연민 **have sympathy for** ~에 대해 동정하다

② 지지, 동의 **in sympathy with his plan** 그의 계획에 찬성하는

2 **symbol**[símbəl] sym 함께 + bol 던지다 = 함께 던지다 → **상징, 표식**(고대 그리스 시대에 합의나 계약을 할 때 서로 상징적인 물건을 교환하던 것에서 유래)

명 ① 상징(물) **a symbol of peace** 평화의 상징

② 부호, 기호 **the math symbol for addition** 덧셈의 수학 기호

3 **symphony**[símfəni] sym 함께 + phony 소리 = 함께 어울리는 소리 → **교향곡**

명 심포니, 교향곡 **Beethoven's Ninth symphony** 베토벤의 9번 교향곡

1 I always keep a compact camera in my bag. 나는 항상 가방에 소형 카메라를 가지고 다닌다.

compact	소형의		

2 We should try to combine exercise with a healthy diet.

우리는 운동과 건강한 식습관을 결합하도록 노력해야 한다.

combine	결합하다		

3 Many customers complained about the poor service.

많은 고객이 형편없는 서비스에 대해 항의했다.

complain	항의하다		

4 Special forces are trained to combat terrorism. 특수부대는 테러와 싸우기 위해 훈련되었다.

combat	싸우다		

5 I spent months working to construct a model car. 나는 몇 달 동안 모형 자동차를 만들었다.

construct	건설하다		

6 They are trying to resolve a conflict between neighbors.

그들은 이웃 간의 갈등을 해결하고자 노력하고 있다.

conflict	갈등		

7 I feel sympathy for people who have lost their friends.

나는 친구를 잃은 사람들에게 연민을 느낀다.

sympathy	연민		

8 The heart shape is a symbol of love and affection. 하트 모양은 사랑과 애정의 상징이다.

symbol	상징		

9 The orchestra played Beethoven's symphony. 그 오케스트라는 베토벤 교향곡을 연주했다.

symphony	교향곡		

Word Box

diet 식단, 식습관   special forces 특수부대   terrorism 테러 행위   resolve 해결하다, 대책을 마련하다

MP3-027

inter- 사이에, 서로

1 **international**[ìntərnǽʃənəl]　inter 사이에 + national 국가의 = 국가 사이의 → **국제적인**

　　형 국제적인, 국가 간의　international **trade** 국제 교역

　　　Plus 반의어: domestic 형 국내의

---

2 **interact**[ìntərǽkt]　inter 서로 + act 행동하다 = 서로에게 영향을 미치다 → **상호작용을 하다**

　　동 ① 소통하다, 교류하다　interact **with** ~와 소통하다

　　　② 상호작용을 하다　**Light and colors** interact **in many ways.** 빛과 색채는 여러 면에서 상호작용한다.

---

3 **intermediate**[ìntərmíːdiət]　inter 중간 + medi 사이 + ate ~의 = 중간의

　　형 중간의, 중급의　**an** intermediate **level** 중간 수준

　　명 중급자　**beginners and** intermediates 초급자와 중급자들

---

4 **interchange**[ìntərtʃéindʒ]　inter 서로 + change 바꾸다 = 서로 바꾸다 → **교환하다**

　　동 교환하다, 공유하다　interchange **information** 정보를 교환하다

　　명 교환, (고속도로) 분기점　interchange **of thoughts** 생각의 교환

---

5 **interest**[íntərest]　inter 사이에 + est 있다 = 사이에 있다 → **관심이 있다**

　　동 관심을 끌다, 흥미를 보이다　**What** interests **me is** 내가 관심있는 것은

　　명 관심, 흥미, 호기심　**have no** interest **in** ~에 관심이 없다

---

6 **intercept**[ìntərsépt]　inter 사이에 + cept 가지다 = 사이에서 가지다 → **가로채다**

　　동 (중간에) 가로막다, 가로채다　intercept **a ball** 공을 가로채다

---

7 **interfere**[ìntərfíər]　inter 서로 + fere 치다 = 서로 치다 → **간섭하다**

　　동 간섭하다, 참견하다　interfere **in one's private life** ~의 사생활을 참견하다

인터스텔라(Interstellar)

접두사 **inter-**는 between 또는 each other의 뜻을 가져요. 그래서 **interstellar**는 inter와 stellar(별)를 합쳐서 '행성 간의, 항성 간의'라는 뜻이 되죠. 영화 <Interstellar>는 죽어가는 지구의 미래를 넓은 우주에서 찾는 내용이니 딱 맞는 셈이에요. 영화 속 명대사와 함께 앞서 배운 접두사도 복습해 볼까요?

We've always defined ourselves by the ability to overcome the **impossible**. And we count these moments. These moments when we dare to aim higher, to break barrier, to reach for the stars, to make the unknown known.

우리는 항상 불가능을 극복하는 능력으로 우리 자신을 정의해 왔다. 그리고 우리는 이러한 순간들을 소중히 여긴다. 우리가 더 높은 곳을 목표하고, 장벽을 부수고, 별을 향해 손을 뻗고, 알려지지 않은 것들을 알아가는 순간들을.

tele- 먼

1 **telescope** [télǝskòup]   tele 먼 + scope 보는 것, 시야 = 먼 영역까지 보는 것 → **망원경**

　　　圏 망원경   **through a** telescope 망원경을 통해서

　　　　　　　　　an astronomical telescope 천체 망원경

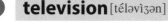

2 **television** [télǝvìʒǝn]   tele 먼 + vision 시야 = 멀리까지 보는 것 → **텔레비전**

　　　圏 TV, 텔레비전   **watch** television 텔레비전을 보다

1 Learning English can open up international job opportunities.

영어를 배우는 것이 국제적인 일자리를 얻을 가능성을 열어줄 수 있다.

international	국제적인		

2 Good leaders should know how to interact with their team members.

좋은 지도자는 자신의 팀 구성원들과 소통하는 법을 알아야 한다.

interact	소통하다		

3 He enrolled in an intermediate Chinese class. 그는 중급 중국어 수업에 등록했다.

intermediate	중급의		

4 The book club provides the interchange of thoughts among readers.

독서 동아리는 독자들 사이에 생각을 교환할 수 있게 해준다.

interchange	교환		

5 I had lost interest in playing video games. 나는 비디오 게임을 하는 것에 흥미를 잃었다.

interest	흥미		

6 The secret agent intercepted messages from the enemy.

비밀 요원은 적으로부터 메시지를 가로챘다.

intercept	가로채다		

7 They tried not to interfere in their children's lives.

그들은 자녀들의 삶에 간섭하지 않기 위해 노력했다.

interfere	간섭하다		

8 She looked up the stars through a telescope. 그녀는 망원경을 통해 별들을 올려다보았다.

telescope	망원경		

9 We gather around the television to watch our favorite shows.

우리는 우리가 좋아하는 프로그램들을 보기 위해 텔레비전 주위에 모인다.

television	텔레비전		

Unit 15 상태 접두사 en-, per-

MP3-029

en- ~하게 만들다, ~ 안에

1 enrich [inríʧ]   en ~하게 만들다 + rich 부유한 = 부유하게 만들다 → **풍부하게 하다**

동 ① 부유하게 하다   enrich **the investors** 투자자들을 (더) 부유하게 하다

② (맛, 가치, 질 등을) 높이다, 풍부하게 하다   enrich **the soil** 토양을 비옥하게 하다

---

2 enable [inéibl]   en ~하게 만들다 + able 가능한 = 가능하게 만들다 → **~할 수 있게 하다**

동 가능하게 하다, ~을 할 수 있게 하다   enable **students to learn easier**

학생들이 더 쉽게 배울 수 있게 하다

---

3 endanger [indéindʒər]   en ~하게 만들다 + danger 위험 = 위험하게 만들다 → **위험에 빠뜨리다**

동 위험에 빠뜨리다   endanger **the life of** *A* *A*의 목숨을 위험에 빠뜨리다

Plus endangered 형 멸종위기에 처한

---

4 engage [ingéidʒ]   en ~하게 만들다 + gage 약속 = 약속하게 만들다 → **관계를 맺다**

동 ① (관심·주의를) 끌다   engage **one's interest** ~의 관심을 끌다

② (어떤 일에) 참여하다, 연루되다   engage **in** ~에 참여하다

③ 교전하다   engage **in a battle** 전투를 벌이다

Plus engagement 명 약혼, 약속, 교전

---

5 enhance [inhǽns]   en ~하게 만들다 + hance 높이 = 높아지게 만들다 → **향상시키다**

동 향상시키다, 높이다   enhance **the value of** ~의 가치를 높이다

---

6 encourage [inkə́ːridʒ]   en ~ 안에 + courage 용기 = 마음 안에 용기를 주다 → **격려하다**

동 격려하다, 권장하다   encourage **children to eat healthy foods**

아이들이 건강한 음식을 먹도록 권장하다

Memory Booster!

멸종위기의 동물들

접두사 **en-**은 make의 뜻이 있어요. 그래서 **endanger**는
'위험하게 만들다'라는 말이 되죠. 여기 ed를 붙여 형용사로
만들면 **endangered**, 즉 '멸종위기의'라는 뜻이 된답니다.

endangered animals 멸종위기의 동물들
endangered species 멸종위기의 종들

(출처: https://nationalzoo.si.edu/webcams)

구글에서 SCBI를 검색해서 스미소니언 동물원(Smithsonian's National Zoo & Conservation
Biology Institute)에 방문해 보세요. 홈페이지 상단 메뉴 바에서 Animals → Webcams로 가면
판다나 치타, 사자, 코끼리 같은 멸종위기 동물들의 실시간 영상을 볼 수 있어요. 귀여운 동물들도
보고 영어로 된 정보도 만나보세요.

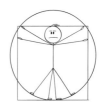

per- 완전히, 매우

1 perfect [pə́ːrfikt]   per 완전히 + fect 만들어진 = **완벽한**

형 완전한, 완벽한   **absolutely** perfect 완전 무결한

---

2 persuade [pərswéid]   per 완전히 + suade 충고하다 = 완전히 충고하다 → **설득하다**

동 설득하다, 납득시키다   persuade **them to participate in the event**

그들이 행사에 참여하도록 설득하다

---

3 permanent [pə́ːrmənənt]   per 완전히 + mane 남다 + ent 상태 = 완전히 남아있는 → **영구적인**

형 영구적인, 불변의, 오랫동안 지속되는   permanent **damage** 영구적인 손상

Plus 반의어: temporary 형 임시의, 일시적인

1 Our travel experiences enrich our lives. 여행 경험은 우리의 삶을 풍요롭게 한다.

enrich	풍부하게 하다		

2 The new technology enabled us to work more efficiently.

새로운 과학 기술이 우리를 더욱 효율적으로 일할 수 있게 했다.

enable	~을 할 수 있게 하다		

3 The natural disaster endangered thousands of lives. 자연재해가 수천 명의 목숨을 위험에 빠뜨렸다.

endanger	위험에 빠뜨리다		

4 They will actively engage in the discussion. 그들은 토론에 활발히 참여할 것이다.

engage	참여하다		

5 Documentary films enhance our understanding of the world.

다큐멘터리 영화는 세상에 대한 우리의 이해를 향상시킨다.

enhance	향상시키다		

6 She encouraged her students to ask questions. 그녀는 학생들에게 질문을 하도록 격려했다.

encourage	격려하다		

7 I hope everything will be perfect in the end. 나는 결국에는 모든 일이 완벽해지기를 바란다.

perfect	완벽한		

8 I tried to persuade him to finish his job. 나는 그가 자기 일을 마치도록 설득하려 했다.

persuade	설득하다		

9 The accident has caused permanent damage to his eyesight.

그 사고는 그의 시력에 영구적인 손상을 가져왔다.

permanent	영구적인		

Word Box

efficiently 효율적으로 actively 적극적으로, 활발하게 documentary film 기록 영화, 다큐멘터리 영화
understanding 이해, 지식 eyesight 시력, 시야

숫자 접두사 uni-, bi-/twi-, tri-

MP3-031

uni- 하나

1 **unique** [juːníːk]   uni 하나 + que 형용사 접미사 = 하나만 있는 → **독특한**

형 특별한, 독특한, 고유한   a unique **talent** 특별한 재능

Plus unique는 이미 '유일무이한, 독특한'의 뜻을 가지고 있기 때문에 very unique처럼 앞에 '매우'를 붙여 쓰는 것은 틀린 표현이에요.

2 **union** [júːnjən]   uni 하나 + on 명사 접미사 = 하나 → **통합** → 조합, 단체

명 (노동) 조합, (동일한 관심사를 가진) 단체, 연합   union **members** 조합원들

Plus EU(유럽 연합) = European Union

3 **unicorn** [júːnəkɔ̀ːrn]   uni 하나 + corn 뿔 = 뿔이 하나 달린 동물 → **유니콘**

명 유니콘   the magic of unicorns 유니콘의 마법

bi-/twi- 둘

1 **bilingual** [bailíŋgwəl]   bi 둘 + lingual 말의, 언어의 = 두 개 언어의 → **2개 국어를 구사하는**

형 이중 언어를 구사할 수 있는   bilingual **education** 이중 언어 교육

명 이중 언어를 구사할 수 있는 사람   a proficient bilingual 유창한 이중 언어 능력자

2 **binoculars** [bənáːkjulərz]   bi(bini) 둘 + ocular 눈, 접안경 + s 복수 접미사 = **쌍안경**

명 쌍안경   through binoculars 쌍안경을 통해서

3 **twilight** [twáiláit]   twi 둘 + light 빛 = 두 개의 빛, 햇빛과 달빛이 엇갈리는 시간대 → **황혼**

명 황혼, 땅거미, 쇠퇴기   in the twilight / at twilight 황혼에

숫자를 뜻하는 접두사들

quadr- 넷	penta- 다섯
quarter 명 4분의 1 → 미국 돈 25센트를 의미하기도 해요. 　1달러의 4분의 1이 25센트니까요.	pentagon 명 오각형 → 오각형 모양인 미국 국방부 건물을 　'펜타곤'이라고 불러요.
hexa- 여섯	**sept- 일곱**
hexagon 명 육각형	September 명 9월 → 원래 7월이라는 의미지만, July(율리우스 시저)와 　August(아우구스투스) 두 황제의 이름이 7월, 8월 　이 되면서 September는 9월이 되었다고 해요.
octo- 여덟	**novem- 아홉**
octagon 명 팔각형, octopus 명 문어 → UFC 경기가 열리는 격투기 구장이 8각형이어서 　'옥타곤'이라고 불러요.	November 명 11월
deca- 열	**cent- 백**
decade 명 10년 → 「데카메론(Decameron)」은 10명의 사람들이 　10일 동안 들려주는 이야기가 담긴 책이에요.	century 명 100년, 세기

tri- 셋

1 **triangle** [tráiæŋgəl]　tri 셋 + angle 각 = **삼각형**

　명 삼각형, 삼각관계　**a right** triangle 직각 삼각형

　　　　　　　　　　　a love triangle (애정의) 삼각관계

---

2 **tribe** [traib]　라틴어 tribus(세 갈래로 갈라진 로마 부족)에서 온 말

　명 부족　**the Maasai** tribe 마사이 부족

　　　　　a remote tribe 외진 곳에 사는 부족

---

3 **tripod** [tráipɑːd]　tri 셋 + pod 발 = **삼각대**

　명 삼각대　**a sturdy** tripod 튼튼한 삼각대

1 The Mona Lisa is a unique work of art. 모나리자는 독특한 예술 작품이다.

unique	독특한		

2 The European Union is a political and economic union.

유럽연합(EU)은 정치·경제적 연합체다.

union	연합		

3 The unicorn is a symbol of purity in myths. 유니콘은 신화 속에서 순수함의 상징이다.

unicorn	유니콘		

4 I want to become bilingual in English and Korean.

나는 영어와 한국어 2개 국어를 모두 구사하고 싶다.

bilingual	이중 언어를 구사할 수 있는		

5 He spotted the rare species of birds through binoculars.

그는 쌍안경으로 희귀한 종의 새들을 발견했다.

binoculars	쌍안경		

6 We took a walk along the beach at twilight. 우리는 황혼에 해변을 따라 걸었다.

twilight	황혼

7 Many ships and planes have disappeared in the Bermuda Triangle.

많은 배와 비행기가 버뮤다 삼각지대에서 사라졌다.

triangle	삼각형

8 Each tribe has its own unique customs and language.

각각의 부족들은 그들만의 독특한 관습과 언어를 가지고 있다.

tribe	부족

9 The photographer set up his camera on a tripod. 사진작가는 자기 카메라를 삼각대 위에 설치했다.

tripod	삼각대

Word Box

purity 순수, 청결   myth 신화   spot 발견하다, 지목하다   species 종, 종류   set up 설치하다, 조립하다

Check Your Words

중심 접두사의 뜻을 생각하며 빈칸에 단어의 뜻을 써 보세요.

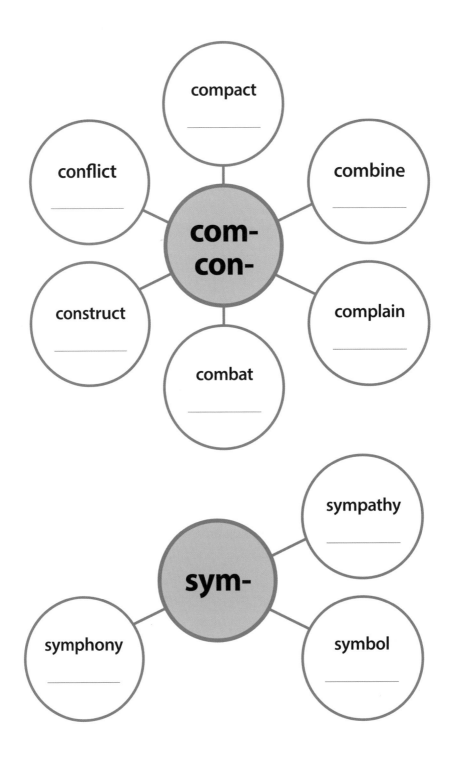

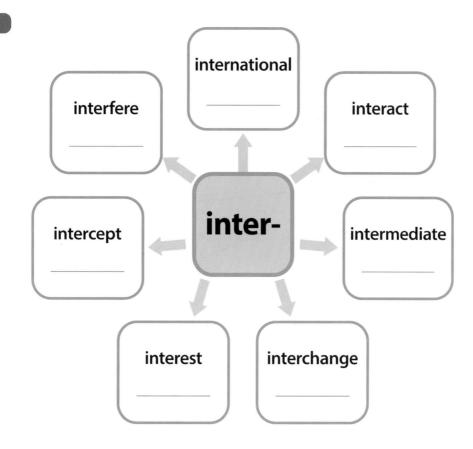

international
_____

interfere
_____

interact
_____

intercept
_____

inter-

intermediate
_____

interest
_____

interchange
_____

telescope
_____

tele-

television
_____

Check Your Words

중심 접두사의 뜻을 생각하며 빈칸에 단어의 뜻을 써 보세요.

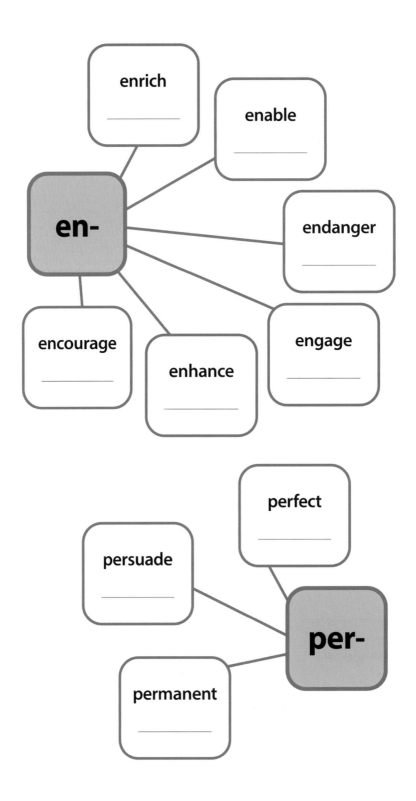

enrich
_____

enable
_____

en-

endanger
_____

encourage
_____

enhance
_____

engage
_____

perfect
_____

persuade
_____

per-

permanent
_____

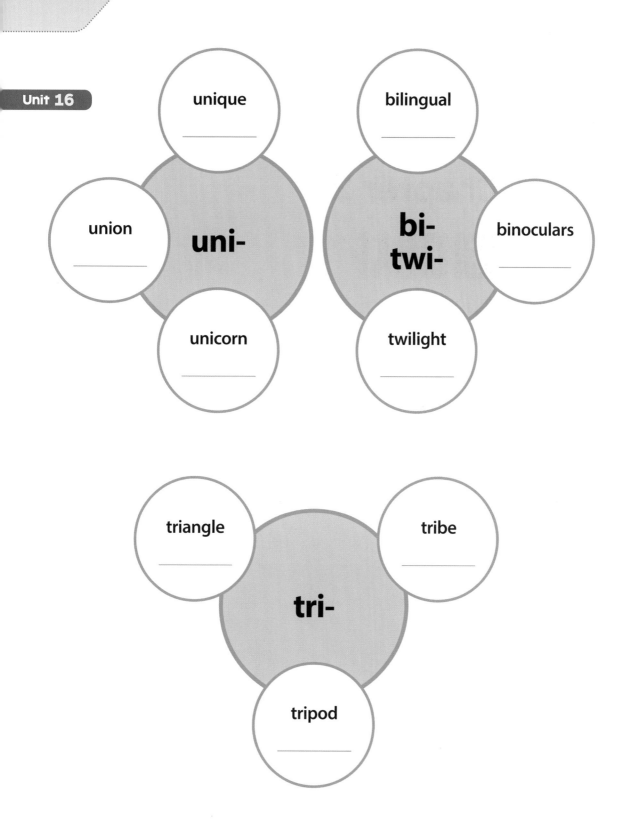

unique
_____

bilingual
_____

union
_____

uni-

bi-
twi-

binoculars
_____

unicorn
_____

twilight
_____

triangle
_____

tribe
_____

tri-

tripod
_____

Chapter 2.
접미사

- **명사** 접미사
- **형용사** 접미사
- **부사** 접미사
- **동사** 접미사

-tion/-sion (동작, 상태 등을 나타냄)

1 attention [əténʃən] attend 주의를 기울이다 + tion = **주의**

명 주의, 집중, 관심   **pay** attention **to** ~에 집중하다[유의하다]

   full attention 전념, 경청

2 invitation [ìnvitéiʃən] invite 초대하다 + tion = **초대**

명 ① 초대   **get an** invitation 초대를 받다

   ② 초대장   **a wedding** invitation 청첩장

3 pollution [pəlúːʃən] pollute 오염시키다 + tion = **오염**

명 오염, 공해   **air[water, soil, marine]** pollution 대기[수질, 토양, 해양] 오염

   environmental pollution 환경 오염

4 presentation [prèzəntéiʃən] present 주다 + tion = 주는 것 → **제시, 발표**

명 ① 제시, 제출   **the** presentation **of evidence** 증거 제출

   ② 발표, 설명   **make[give] a** presentation 발표하다

5 conclusion [kənklúːʒən] conclude 결론을 내리다 + sion = **결론**

명 결론, 최종 판단, 결말   **reach a** conclusion 결론에 이르다

   draw a conclusion 결론을 내다

6 decision [disíʒən] decide 결정하다 + sion = **결정**

명 결정, 판단   **make a** decision 결정하다

   a difficult decision 어려운 결정

Memory Booster!

Attention!

attention은 '주의', '주목'이라는 뜻의 명사로 일상생활에서 다양하게 사용되고 있어요. 공공장소에서 "주목하세요!"라고 말할 때, 경고 안내판에서 "주의"라고 표기할 때, 군대에서 "차렷!"이라고 말할 때 "Attention!"이라고 하죠.

또 medical attention은 '병원 치료'를 의미하고, 학습 시 집중하는 시간을 attention span이라고 해요. care and attention(보살핌과 관심)이라는 표현도 자주 쓰여요.

-ship 구성원, 특성

1 **leadership**[líːdərʃìp]　leader 지도자 + ship = 지도력

　　명 지도력, 통솔력　　a man with vision and leadership 비전과 리더십이 있는 사람

---

2 **relationship**[riléiʃənʃìp]　relation 관계 + ship = 관계, 관련성

　　명 (사람·집단 사이의) 관계, (사물 간의) 관련성　　a strong relationship 공고한 관계

　　　　　　　　　　　　　　　　　　　　　　　　　a close relationship 친밀한 관계

---

3 **membership**[mémbərʃìp]　member 구성원 + ship = 회원 (자격)

　　명 회원 (자격)　　apply for membership 회원이 되려고 신청하다

　　　　　　　　　　　renew one's membership 회원 자격을 갱신하다

Write the Words

1 He asked the students to pay close attention to the lesson.

그는 학생들에게 수업에 열심히 집중하라고 요청했다.

attention	집중		

2 I received an invitation to my friend's party. 나는 친구의 파티에 초대를 받았다.

invitation	초대		

3 The plastic pollution in the ocean is killing marine life.

바다의 플라스틱 오염이 해양 생물들을 죽이고 있다.

pollution	오염		

4 She gave a presentation on her research project to the class.

그녀는 수업 때 자신의 연구과제에 대해 발표했다.

presentation	발표		

5 In conclusion, I believe that education is the key to a better future.

결론적으로, 나는 교육이 더 나은 미래를 위한 열쇠라고 믿는다.

conclusion	결론		

6 The CEO will make a decision on the new product.

최고 경영자는 신제품에 관해 결정을 내릴 것이다.　　　　　　　　　　* CEO = Chief Executive Officer

decision	결정		

7 Colleges want students with leadership skills. 대학은 리더십 있는 학생을 원한다.

leadership	리더십		

8 A strong relationship should be based on love and trust.

공고한 관계는 사랑과 신뢰에 기반해야 한다.

relationship	관계		

9 I've had a library membership for three years. 나는 3년 동안 도서관 회원 자격을 가지고 있었다.

membership	회원 (자격)		

-ity ~성(성질이나 상태를 나타냄)

1 reality[riǽləti] real 진짜의 + ity = **현실**

명 현실, 실제 상황 the harsh reality 잔혹한 현실

VR = virtual reality 가상 현실

2 equality[ikwáləti] equal 동등한 + ity = **평등**

명 평등, 균등 racial equality 인종 간의 평등

equality in opportunities and rights 기회와 권리의 평등

3 ability[əbíləti] able ~할 수 있는 + ity = **능력**

명 능력, 재능, 기량 ability to pay 지불할 능력

artistic ability 예술적 재능

4 personality[pə̀ːrsənǽləti] personal 개인의 + ity = **개성**

명 ① 성격, 인성 a strong personality 강한 성격

② 개성 lack personality 개성이 부족하다

5 creativity[krìːeitívəti] creative 창조적인 + ity = **창의성**

명 창의성, 창의력 creativity in design 디자인에서의 창의력

6 authority[əθɔ́ːrəti] author 창조자 + ity = **권한**

명 ① 지휘권, 권한 the authority to make a decision 결정을 내릴 권한

② 재가, 인가 the president's authority 대통령의 재가

A Marriage Vow (결혼 서약)

결혼식은 marri**age** 또는 wedding이라고 하죠. 영화에 가끔 등장하는 결혼식 장면의 대사가 궁금하지 않았나요? Tom과 Jane이 결혼한다고 가정해 볼까요? 읽으면서 접사들도 살펴보아요.

I, Tom, take you, Jane, to be my lawfully wedded wife.
나 톰은 당신 제인을 나의 법적인 아내로 맞이합니다.

I promise to love you **un**conditionally, to always be there for you, and to cherish our relation**ship** for the rest of my life. 나는 당신을 조건 없이 사랑하고, 항상 당신과 함께하며, 남은 생애 동안 우리의 관계를 소중히 여길 것을 약속합니다.

I promise to love you for better or for worse, for richer or for poorer, in sick**ness** and in health, to love and to cherish, from this day forward, for as long as we both shall live.
나는 좋을 때나 나쁠 때나, 부자일 때나 가난할 때나, 병들 때나 건강할 때나 당신을 사랑하고, 오늘부터 우리가 살아있는 한 당신을 사랑하고 아낄 것을 약속합니다.

-age (어떤 장소나 상태, 행동 등을 나타냄)

1 **passage** [pǽsidʒ] pass 통과하다 + age = 통로

　명　① 통로, 복도 walk along the passage 통로를 따라 걷다

　　　② (책의) 구절 a short passage 짧은 구절

2 **shortage** [ʃɔ́ːrtidʒ] short 부족한 + age = 부족

　명　부족 a water shortage 물 부족 a housing shortage 주택 부족

　　　a shortage of jobs 일자리 부족

3 **marriage** [mǽridʒ] marry 결혼하다 + age = 결혼

　명　① 결혼, 결혼 생활 a happy marriage 행복한 결혼 생활

　　　② 결혼식 the marriage takes place in ~에서 결혼식이 열리다

　　　Plus '결혼식'을 나타낼 때는 일반적으로 wedding을 더 많이 써요.

1 You have to face reality even though it's painful. 고통스럽더라도 현실을 직시해야 한다.

reality	현실		

2 Everyone deserves to be treated with equality. 모든 사람들은 평등하게 대우받을 자격이 있다.

equality	평등		

3 He has a natural ability to make people feel at ease.

그는 사람들의 마음을 편하게 만드는 타고난 재능을 가졌다.

ability	재능		

4 She has a very strong and confident personality. 그녀는 매우 강하고 자신만만한 성격을 가졌다.

personality	성격		

5 We need special programs that support students' creativity.

우리는 학생들의 창의력을 지원하는 특별한 프로그램이 필요하다.

creativity	창의력		

6 The judge has the authority to make legal decisions.

판사는 법적 결정을 내릴 권한을 가지고 있다.

authority	권한		

7 I underlined important passages in the textbook. 나는 교과서의 중요한 구절에 밑줄을 그었다.

passage	(책의) 구절		

8 There is a serious shortage of medical supplies in some areas.

어떤 지역에서는 의약품이 심각하게 부족하다.

shortage	부족		

9 Marriage ceremonies vary widely from one culture to another.

결혼식은 문화마다 매우 다양하다.

marriage	결혼		

Word Box

face 직면하다, 직시하다　at ease 편안히, 안심하고　legal 법률 (관계)의, 합법적인　underline ~에 밑줄을 긋다, ~을 강조하다
medical supplies 의약품　vary 다양하다, 다르다

MP3-037

-er/-or ~하는 사람(사람, 직업을 나타냄)

1 **designer**[dizáinər] design 디자인하다 + er = 디자이너

명 디자이너 a fashion designer 패션 디자이너

an interior designer 인테리어 디자이너

2 **consumer**[kənsú:mər] consume 소비하다 + er = 소비자

명 소비자 consumer goods 소비재

Plus 반의어: producer 명 생산자

3 **survivor**[sərváivər] survive 살아남다 + or = 생존자

명 생존자 survivors of the accident 사고의 생존자들

the only survivor = the sole survivor 유일한 생존자

4 **visitor**[vízitər] visit 방문하다 + or = 방문자

명 방문객, 손님 a frequent visitor 자주 찾아오는 사람, 단골

travelers and visitors 여행객과 방문객들

5 **inventor**[invéntər] invent 발명하다 + or = 발명가

명 발명가 the inventor of ~의 발명가

6 **director**[diréktər] direct 총괄하다 + or = 감독

명 ① 감독, 연출자, 책임자 a film director 영화감독

② (회사의) 임원 a managing director 전무 이사

a board of directors 이사회

Memory Booster!

Teenagers' dream jobs (10대들이 선호하는 직업)

- professional athlete 프로 운동선수
- youtuber / streamer 유튜버, 스트리머(개인 방송자)
- musician 음악가
- professional gamer 프로 게이머
- software developer 소프트웨어 개발자
- biomedical engineer 생체 의공학자
- data scientist 데이터 과학자
- journalist 기자
- architect 건축가

-logy 학문, 이론

1 **sociology** [sòusiάlədʒi]　socio 사회 + logy = **사회학**

　명 사회학　**a sociology professor** 사회학 교수

　　Plus sociologist 명 사회학자

　　중·고등학교의 '사회 수업'은 social studies class라고 해요.

2 **biology** [baiάlədʒi]　bio 생물 + logy = **생물학**

　명 생물학　**get an A in biology class** 생물학 수업에서 A를 받다

　　Plus anatomy 명 해부학

3 **zoology** [zouάlədʒi]　zoo 동물 + logy = **동물학**

　명 동물학　**major in zoology** 동물학을 전공하다

　　Plus botany 명 식물학

1 The interior designer transformed the empty space into a cozy home.

인테리어 디자이너는 텅 빈 아늑한 집으로 탈바꿈시켰다.

designer	디자이너		

2 The cosmetic company is targeting young consumers. 화장품 회사는 젊은 소비자들을 겨냥하고 있다.

consumer	소비자		

3 The firefighters found the signs of survivors in the burning building.

소방관들이 화재가 난 건물에서 생존자들의 흔적을 찾았다.

survivor	생존자		

4 The museum attracts thousands of visitors each year.

그 박물관은 매년 수천 명의 방문객들을 불러들인다.

visitor	방문객		

5 I joined the exhibition for young inventors last year.

나는 작년에 젊은 발명가들을 위한 전시에 참여했다.

inventor	발명가		

6 He wants to be a film director and win at the Cannes Film Festival.

그는 영화감독이 되어 칸 영화제에서 수상하기를 원한다.

director	감독

7 She has a degree in sociology and psychology. 그녀는 사회학과 심리학에 학위가 있다.

sociology	사회학

8 I prefer biology to physics. 나는 물리학보다 생물학을 더 좋아한다.

biology	생물학

9 Zoology can help us understand life on Earth.

동물학은 우리가 지구상의 생물을 이해하는 데 도움을 줄 수 있다.

zoology	동물학

Word Box

cosmetic 화장의, 미용의   target ~을 표적[목표]으로 삼다   attract 끌어당기다, 유인하다   degree 학위
psychology 심리학, 심리

-ance/-ence 행동, 상태

① **allowance**[əláuəns] allow 허락하다 + ance = 특정 목적을 위해 허락된 비용

명 비용, 용돈 a weekly allowance of $10 일주일 용돈 10달러

an allowance for books 도서 구입을 위한 비용

② **performance**[pərfɔ́:rməns] perform 행하다 + ance = 수행, 성과, 공연

명 ① 성과, (과제 등의) 수행, 성능 students' performance 학생들의 성과

② 공연 a live performance 라이브 공연

③ **attendance**[əténdəns] attend 참석하다 + ance = 출석

명 출석, 참석, 참석자 수 take attendance 출석을 확인하다

an attendance of 100 people 100명의 참석자들

④ **difference**[dífərəns] differ 다르다 + ence = 차이

명 차이, 다름 make a difference 차이를 만들다

a slight difference 미묘한 차이

⑤ **consequence**[kánsəkwèns] con 함께 + sequ 따르다 + ence = 결과

명 결과 a direct consequence of ~의 직접적인 결과

in consequence ~의 결과로

⑥ **appearance**[əpíərəns] appear 나타나다 + ance = 나타남, 겉모습

명 ① 겉모습, 외모 physical appearance 신체적 외모

② 출현, 나타남 the appearance of new technology 새로운 기술의 출현

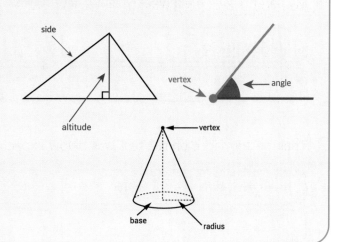

Memory Booster!

도형을 설명할 때 쓰이는 영어 표현

- altitude 높이(= height)
- vertex 꼭지점
- angle 각(직각: right angle)
- side (삼각형, 사각형 등의) 변
- radius 반지름
- base 밑변

-tude 성질, 상태

1 **aptitude**[ǽptətjùːd] apt 적합한 + (i)tude = 적합한 능력 → 소질

  명 소질, 적성 **an aptitude test** 적성 검사

  a natural aptitude 타고난 재능, 천부적인 소질

---

2 **altitude**[ǽltətjùːd] alt 높은 + (i)tude = 높이

  명 높이, 고도 **high altitudes / low altitudes** 높은 고도 / 낮은 고도

---

3 **gratitude**[grǽtətjùːd] grat 감사하는 + (i)tude = 감사

  명 고마움, 감사 **a deep gratitude towards** ~를 향한 깊은 감사

  with gratitude 감사하는 마음으로

1 My parents give me a weekly allowance. 우리 부모님은 나에게 매주 용돈을 주신다.

allowance	용돈

2 Their performance on the test was below expectations. 그들의 시험 성적은 기대에 못 미쳤다.

performance	성과

3 The stadium reached full attendance for the final.

경기장은 결승전을 보기 위해 참석한 사람들로 가득 찼다.

attendance	참석

4 There's a big difference between theory and practice. 이론과 실제 사이에는 큰 차이가 있다.

difference	차이

5 We need to consider the consequences of our choices.

우리는 우리의 선택에 대한 결과를 고려해야 한다.

consequence	결과

6 You shouldn't judge others by appearance. 외모로 다른 사람들을 판단해서는 안 된다.

appearance	외모

7 She has a great aptitude for mathematics. 그녀는 수학에 대단한 소질을 가지고 있다.

aptitude	소질

8 The plane was flying at a high altitude. 그 비행기는 높은 고도를 날고 있었다.

altitude	고도

9 We would like to express our gratitude to all of you.

우리는 너희 모두에게 감사를 표현하고 싶다.

gratitude	감사

Word Box

expectation 기대, 예상   stadium 경기장, 운동장   final 결승전, 최종의   theory 이론, 가설   practice 실제, 관습, 연습

Check Your Words

중심의 접미사가 어떤 품사의 단어를 만드는지 생각하며 빈칸에 단어의 뜻을 쓰세요.

Unit 01

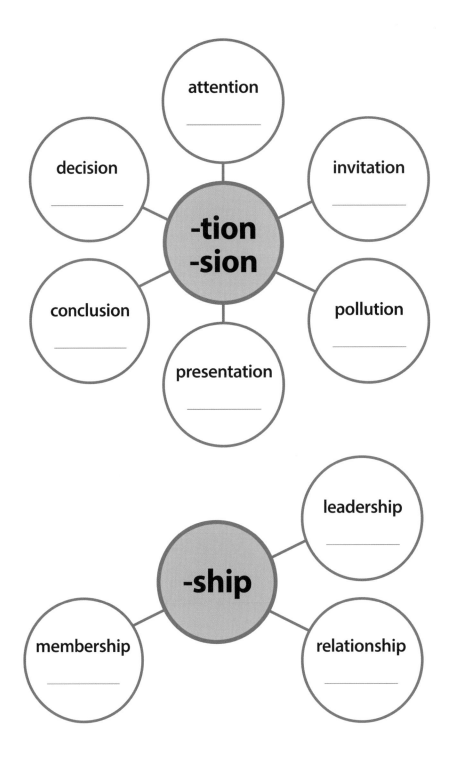

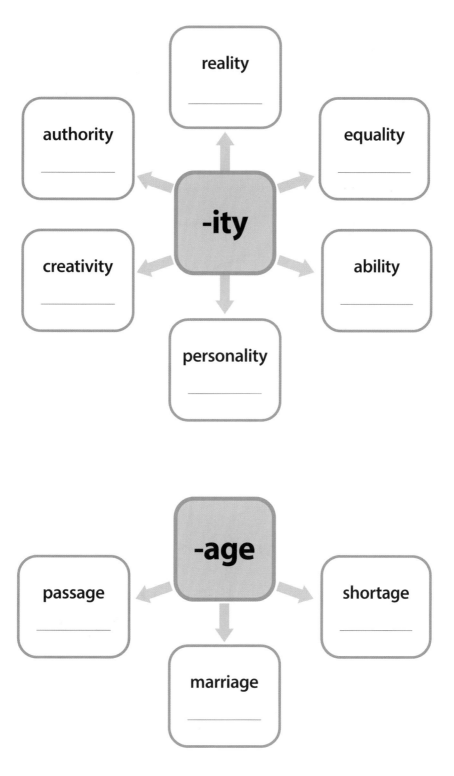

reality
_____

authority
_____

equality
_____

-ity

creativity
_____

ability
_____

personality
_____

-age

passage
_____

shortage
_____

marriage
_____

Check Your Words

중심의 접미사가 어떤 품사의 단어를 만드는지 생각하며 빈칸에 단어의 뜻을 쓰세요.

Unit 03

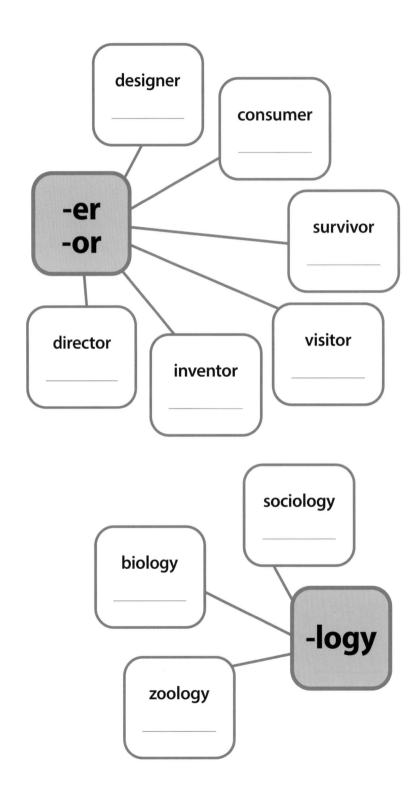

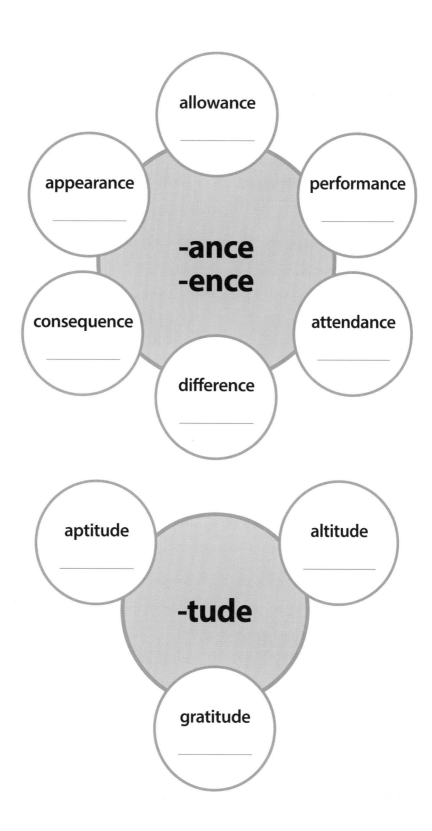

allowance
_____

performance
_____

appearance
_____

attendance
_____

consequence
_____

difference
_____

**-ance
-ence**

aptitude
_____

altitude
_____

-tude

gratitude
_____

-ment 동작, 결과

1 **government**[gʌ́vərnmənt] govern 통치하다 + ment = 정부

명 통치 체제, 행정, 정부 **local** government 지방 정부

democratic government 민주 정부

2 **investment**[invéstmənt] invest 투자하다 + ment = 투자

명 ① 투자, 투자액 **make an** investment 투자하다

② (투자할 가치가 있는) 물품[상품] **a good** investment 유용한 상품, 좋은 투자 대상

3 **punishment**[pʌ́niʃmənt] punish 벌하다 + ment = 벌

명 벌, 처벌, 형벌 punishment **for** ~에 대한 처벌

severe punishment 가혹한 처벌, 엄벌

4 **argument**[ɑ́ːrgjumənt] argue 다투다 + ment = 논쟁

명 논쟁, 언쟁, 논의 **an** argument **with** ~와의 논쟁

start an argument 논쟁을 시작하다

5 **agreement**[əgríːmənt] agree 동의하다 + ment = 동의

명 합의, 협정, 동의 **an** agreement **on** ~에 대한 협정[합의]

keep an agreement 합의를 지키다

6 **judgement**[dʒʌ́dʒmənt] judge 판단하다 + ment = 판단

명 ① 판단, 비판, 판결 **make a** judgement 판단을 내리다

② 판단력 **good** judgement / **poor** judgement 좋은 판단력 / 부족한 판단력

a lack of judgement 판단력 부족

Plus 미국 영어에서는 judgment로 중간에 e를 빼고 써요.

여성을 뜻하는 접미사 -ess

- 배우: actor / 여배우: actr**ess**
- 왕자: prince / 공주: princ**ess**
- 호랑이: tiger / 암컷 호랑이: tigr**ess**
- 사자: lion / 암컷 사자: lion**ess**

이외에 귀족들의 작위를 말할 때도 -ess를 볼 수 있어요.
- 공작: duke / 공작 부인: duch**ess**
- 백작: count / 백작 부인: count**ess**
- 남작: baron / 남작 부인: baron**ess**

-ess (여성을 나타냄)

1 **actress** [ǽktris]   act 행동하다 + (o)r 사람 + ess = 여배우

　 명 여배우　a famous actress 유명 여배우

　　　 Plus actor는 보통 남성을 가리키지만 요즘은 남녀를 따로 구분하지 않고 칭해요.

2 **goddess** [gάdis]   god 신 + ess = 여신

　 명 여신, 여신 같은 존재　the goddess of wisdom 지혜의 여신

3 **princess** [prínses]   prince 왕자, 군주 + ess = 공주

　 명 공주, 왕자비　like a princess 공주인 것처럼

　　　　　　　Princess Diana 다이애나 왕자비

1 The Korean government is encouraging cultural tourism.

한국 정부는 문화 관광 사업을 권장하고 있다.

government	정부		

2 She made a wise investment in her education. 그녀는 자신의 교육에 현명한 투자를 했다.

investment	투자		

3 The criminal deserved a severe punishment. 그 범죄자는 엄벌을 받아 마땅했다.

punishment	처벌		

4 They had a big argument with each other. 그들은 서로 큰 언쟁을 벌였다.

argument	언쟁		

5 The countries signed a peace agreement. 그 국가들은 평화 협정에 서명했다.

agreement	협정		

6 I trust his judgement on choosing investments. 나는 투자 대상을 고르는 데 그의 판단을 믿는다.

judgement	판단		

7 She was one of the most famous actresses in Hollywood.
그녀는 할리우드에서 가장 유명한 여배우 중의 하나였다.

actress	여배우		

8 Venus is the goddess of love and beauty. 비너스는 사랑과 아름다움의 여신이다.

goddess	여신		

9 The princess was known for her love and compassion.
그 공주는 애정과 동정심이 있는 것으로 알려져 있었다.

princess	공주		

Word Box

encourage 장려하다, 촉진하다   criminal 범인, 범죄의   compassion 동정, 연민

명사 접미사 ⑥ -th, -ness

-th (행동, 상태, 과정을 나타냄)

1 growth [grouθ]   grow 성장하다 + th = 성장

명 ① 성장   economic growth 경제 성장

    ② 증가   population growth 인구 증가

2 strength [streŋkθ]   strong 강한 + th = 힘

명 ① 힘   physical strength 체력

    ② 강점, 장점   strengths and weaknesses 강점과 약점

3 youth [ju:θ]   young 젊은 + th = 젊음

명 젊음, 청년, 어린 시절   in my youth 내가 어렸을 때

                 a youth hostel 유스 호스텔 (여행하는 청소년들을 위한 숙박 시설)

4 health [helθ]   heal 치유하다 + th = 건강

명 ① 건강   in good health 건강한 상태에

    ② 보건, 위생   public health 공중위생

5 truth [tru:θ]   true 사실인 + th = 진실

명 사실, 진실   to tell the truth 사실을 말하자면

               reveal the truth 사실을 밝히다

6 depth [depθ]   deep 깊은 + th = 깊이

명 깊이   the depth of a river 강의 깊이

        in depth 깊이, 상세히

–ness 로 배우는 증상

- dizzi**ness** 현기증
- weak**ness** 쇠약
- numb**ness** 마비
- sore**ness** 통증
- blind**ness** 실명
- stiff**ness** 뻣뻣함
- itchi**ness** 가려움

-ness 성질, 상태, 성격

1 sickness [síknis] sick 아픈 + ness = 아픔

명 질병, 아픔 **motion** sickness 멀미

morning sickness 입덧

Plus morning sickness는 임신 초기, 특히 오전에 입덧 증상이 많이 나타나서 붙은 이름이에요.

2 fairness [féərnis] fair 공평한 + ness = 공정성

명 공정성 **transparency and** fairness 투명성과 공정성

3 kindness [káindnis] kind 친절한 + ness = 친절함

명 친절, 다정함 **unwavering** kindness 변함없는 친절

kindness **and consideration** 친절과 배려

1 Sunlight is essential for the growth of plants. 햇빛은 식물의 성장에 필수적이다.

growth	성장		

2 He found the inner strength to forgive them. 그는 그들을 용서할 내면의 힘을 찾았다.

strength	힘		

3 The youth are the future of our country. 젊은이들은 우리 나라의 미래이다.

youth	청년		

4 She worried about her parents' health. 그녀는 부모님의 건강을 걱정했다.

health	건강		

5 I wanted to tell you the truth about what happened.

나는 무슨 일이 있었는지 너에게 사실을 말하고 싶었다.

truth	사실		

6 We admired the depth of his knowledge. 우리는 그의 지식의 깊이에 감탄했다.

depth	깊이		

7 The sickness spread quickly through the school. 그 병이 학교 전체에 빠르게 퍼졌다.

sickness	질병		

8 The teacher should treat all students with fairness.

선생님은 모든 학생을 공정하게 대해야 한다.

fairness	공정성		

9 I still remember and appreciate his kindness. 나는 아직도 그의 친절을 기억하고 고마워한다.

kindness	친절		

Word Box

essential 필수의, 없어서는 안 될 inner 내부의, 내면의 admire ~에 감탄하다[놀라다]
appreciate 고맙게 생각하다, ~을 충분히 인식하다

-ure (동작, 결과를 나타냄)

1 failure [féiljər] fail 실패하다 + ure = **실패**

〔명〕 실패, 실패자, 실패작 a complete failure 완전한 실패(작)

end in failure 실패로 끝나다

2 pleasure [pléʒər] please 기쁘게 하다 + ure = **기쁨**

〔명〕 ① 기쁨, 즐거움 great pleasure 큰 기쁨

② (일이 아닌) 좋아서 하는 활동 business or pleasure 출장 또는 관광

3 procedure [prəsíːdʒər] proceed 진행하다 + ure = **절차**

〔명〕 절차, 방법 the proper procedure 적절한 절차

follow a procedure 절차를 따르다

4 architecture [áːrkətèktʃər] architect 건축가 + ure = **건축**

〔명〕 건축, 건축학, 건축 양식 modern architecture 현대 건축

Roman architecture 로마 건축 양식

5 exposure [ikspóuʒər] expose 노출하다 + ure = **노출**

〔명〕 ① 노출 exposure to radiation 방사능에 노출

② 폭로 the exposure of the scandal 스캔들 폭로

6 sculpture [skʌ́lptʃər] sculpt 조각하다 + ure = **조각**

〔명〕 조각, 조각품 a marble sculpture 대리석 조각

make a sculpture 조각품을 만들다

failure가 들어간 명언과 속담

- **Failure** is the first step to success.

  실패는 성공으로 가는 첫 번째 발걸음이다.
- **Failure** is a process, not a result.

  실패는 결과가 아닌 과정이다.
- Never fear **failure**. It is the only way to learn.

  실패를 두려워 말라. 그것이 배움을 얻는 유일한 방법이다.
- **Failure** is not the opposite of success. It is a part of success.

  실패는 성공의 반대가 아니다. 그것은 성공의 일부이다.

-dom 상태, 지위

1 wisdom [wízdəm]   wise 현명한 + dom = **지혜**

명 지혜, 현명함   **a man of great** wisdom 대단히 지혜로운 사람

   words of wisdom 지혜의 말

   Plus '사랑니'를 a wisdom tooth라고 하는데, 사랑니가 생기는 나이가 보통 지혜를 얻는 시기와 비슷해서 붙여진 것이라고 해요.

2 freedom [frí:dəm]   free 자유로운 + dom = **자유**

명 자유   freedom **of expression** 표현의 자유

   the fight for freedom 자유를 위한 투쟁

3 boredom [bɔ́:rdəm]   bore 지루하게 만들다 + dom = **지루함**

명 지루함, 심심함   **relieve the** boredom **of** ~의 지루함을 달래다

1 Failure is the mother of success. 실패는 성공의 어머니이다.

failure	실패		

2 I bake cookies for pleasure and share them with friends.

나는 재미로 쿠키를 구워서 친구들과 나누어 먹는다.

pleasure	즐거움		

3 The doctor explained the medical procedure to me. 의사는 나에게 치료 절차에 관해 설명했다.

procedure	절차		

4 My brother is studying architecture at university. 우리 형은 대학에서 건축을 공부하고 있다.

architecture	건축		

5 Skin cancer is often caused by too much exposure to the sun.

피부암은 종종 햇빛에 과도하게 노출되는 데서 야기된다.

exposure	노출		

6 She made a new sculpture for the exhibition. 그녀는 전시를 위해 새 조각품을 만들었다.

sculpture	조각품		

7 He sought wisdom from elders and mentors. 그는 원로들과 멘토들에게서 지혜를 구했다.

wisdom	지혜		

8 They fought for their freedom from slavery. 그들은 노예제로부터 자유를 찾기 위해 싸웠다.

freedom	자유		

9 The only cure for boredom is curiosity. 지루함의 유일한 치료법은 호기심이다.

boredom	지루함		

Word Box

medical 의료의, 의학의   exhibition 전시(회)   seek 찾다, 추구하다(-sought -sought)   mentor 조언자, 멘토
slavery 노예 제도   curiosity 호기심

-ary ~와 관련된 것[사람]

1 **dictionary**[díkʃənèri]   dict 말하다 + ion 것 + ary = **사전**

〈명〉 사전   a Korean-English dictionary 한영 사전

look *A* up in a dictionary 사전에서 *A*를 찾아보다

2 **secretary**[sékrətèri]   secret 비밀의 + ary = **비서**

〈명〉 ① 비서, 총무   the secretary of the book club 북클럽의 총무

② 장관   the Secretary of Defense 국방부 장관 (미국)

Plus 우리나라에서는 장관을 minister라고 해요. the Minister of National Defense 국방부 장관

3 **boundary**[báundəri]   bound 경계를 이루다 + ary = **경계**

〈명〉 경계   the boundary between *A* and *B* *A*와 *B* 사이의 경계

a boundary line 경계선

4 **library**[láibrèri]   libra (라틴어에서 유래) 책 + ary = **도서관**

〈명〉 도서관, 서재   a public library 공공 도서관

return books to the library 도서관에 책을 반납하다

-ium (라틴어계 명사형, 화학 원소명을 나타냄)

1 **calcium**[kǽlsiəm]   calc (라틴어에서 유래) 석회 + ium = **칼슘**

〈명〉 칼슘   good sources of calcium 칼슘의 좋은 공급원

consume calcium 칼슘을 소비하다

2 **aquarium**[əkwéəriəm]   aqua 물 + (r)ium = **수족관**

〈명〉 수족관   a field trip to the aquarium 수족관으로 가는 견학

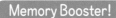
–ian으로 끝나는 다양한 직업들

physician
(내과) 의사

pediatrician
소아과 의사

technician
기술자

librarian
도서관 사서

mathematician
수학자

musician
음악가

optician
안경사

-ian (사람, 직업을 나타냄)

1 **magician** [mədʒíʃən]   magic 마술 + ian = **마술사**

명 마술사, 마법사   **a wicked** magician 사악한 마법사

---

2 **electrician** [ilèktríʃən]   electric 전기의 + ian = **전기 기사**

명 전기 기사[기술자]   **call (in) an** electrician 전기 기술자를 부르다

---

3 **politician** [pàlitíʃən]   politic 정치상의 + ian = **정치인**

명 정치인   **an ambitious** politician 야망 있는 정치인

　　　　a corrupt politician 부패한 정치인

1 I looked up the word 'curiosity' in a dictionary. 나는 단어 'curiosity(호기심)'를 사전에서 찾아보았다.

dictionary	사전		

2 The secretary scheduled the CEO's appointments. 비서는 CEO의 약속 일정을 잡았다.

secretary	비서		

3 He had a clear boundary between work and personal life.

그는 일과 사생활 사이에 분명한 경계를 두었다.

boundary	경계		

4 The school library will be closed at 8 pm. 학교 도서관은 오후 8시에 문을 닫을 것이다.

library	도서관		

5 Calcium is essential for building strong bones and teeth.

칼슘은 튼튼한 뼈와 치아를 만드는 데 필수적이다.

calcium	칼슘		

6 The aquarium is home to a variety of marine life. 수족관은 다양한 해양 생물들의 보금자리다.

aquarium	수족관

7 The magician made a rabbit appear out of a hat. 마술사는 모자에서 토끼가 나오게 만들었다.

magician	마술사

8 We were very lucky to have an experienced electrician.

우리는 경험 많은 전기 기사를 만나서 매우 운이 좋았다.

electrician	전기 기사

9 She was the most popular and respected politician.

그녀는 가장 인기 있고 존경받는 정치인이었다.

politician	정치인

Word Box

schedule ~을 스케줄에 넣다, (계획 등을) 예정하다   appointment 약속, 예약   a variety of 다양한, 여러 가지의
experienced 경험이 풍부한, 노련한   respected 존경받는, 평판 높은

Check Your Words

중심의 접미사가 어떤 품사의 단어를 만드는지 생각하며 빈칸에 단어의 뜻을 쓰세요.

Unit 05

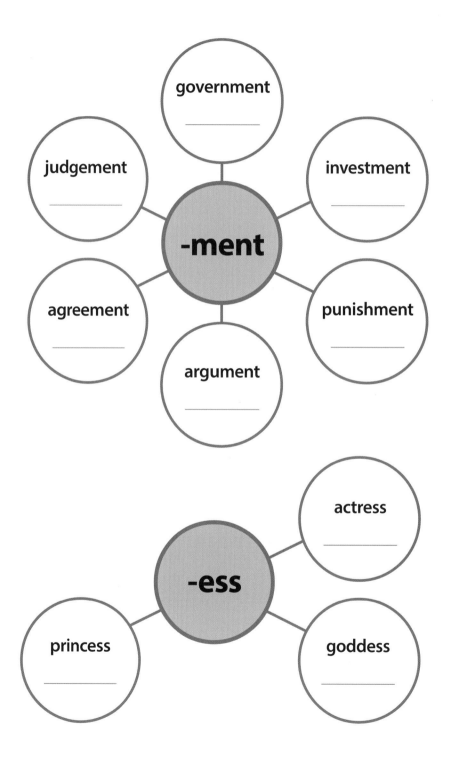

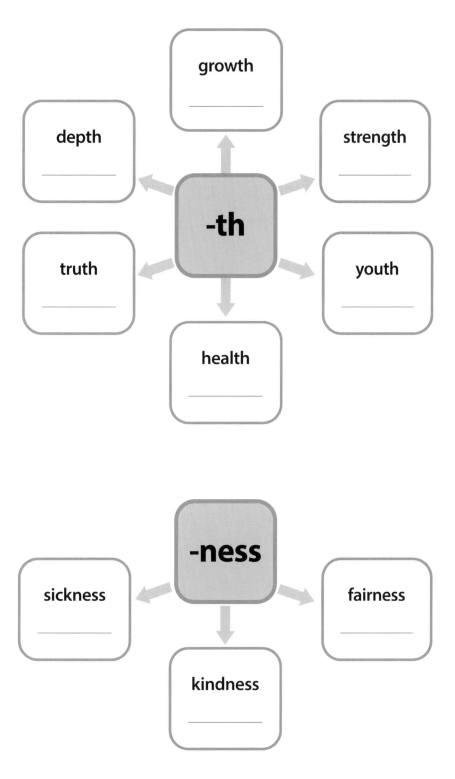

growth

depth

strength

truth

-th

youth

health

-ness

sickness

fairness

kindness

Check Your Words

중심의 접미사가 어떤 품사의 단어를 만드는지 생각하며 빈칸에 단어의 뜻을 쓰세요.

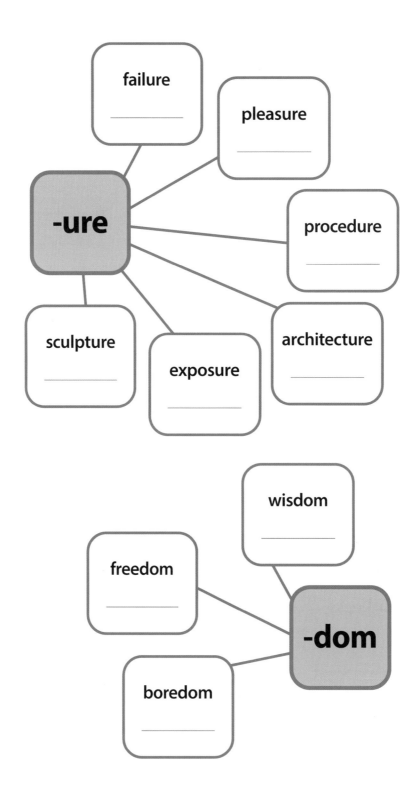

failure
_____

pleasure
_____

-ure

procedure
_____

sculpture
_____

exposure
_____

architecture
_____

wisdom
_____

freedom
_____

-dom

boredom
_____

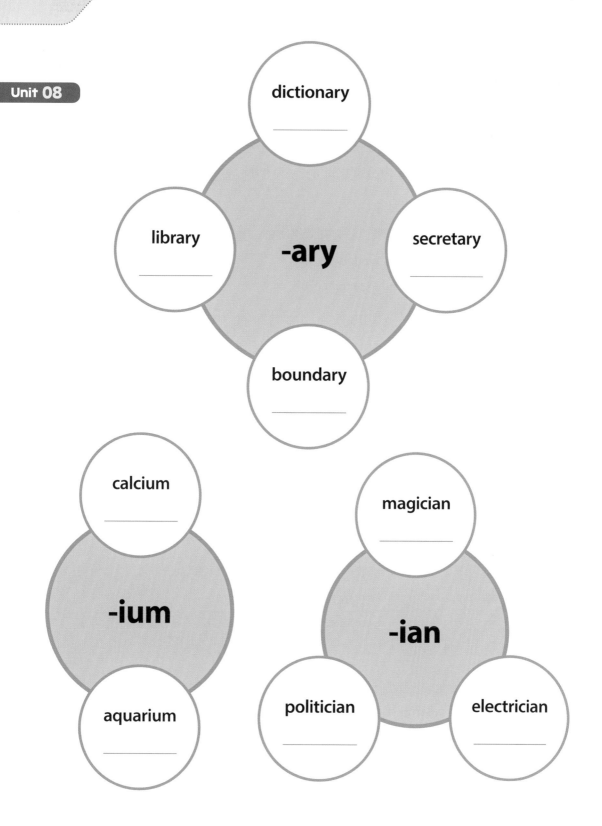

dictionary
_____

library
_____

-ary

secretary
_____

boundary
_____

calcium
_____

-ium

aquarium
_____

magician
_____

-ian

politician
_____

electrician
_____

-ful 가득한

1 **useful** [júːsfəl]   use 효용, 유용함 + ful = 유용한

형 유용한, 쓸모 있는   useful information 유용한 정보

make oneself useful (남에게) 도움이 되다

2 **painful** [péinfəl]   pain 고통 + ful = 고통스러운

형 아픈, 고통스러운   a painful wound 아픈 상처

a painful experience 고통스러운 경험

3 **successful** [səksésfəl]   success 성공 + ful = 성공적인

형 성공한, 성공적인   highly successful 매우 성공적인

be successful in ~에 성공하다

4 **helpful** [hélpfəl]   help 돕다 + ful = 도움이 되는

형 도움이 되는, 기꺼이 돕는   helpful advice 도움이 되는 충고

a kind and helpful person 친절하고 도움이 되는 사람

5 **careful** [kɛ́ərfəl]   care 주의, 돌봄 + ful = 주의하는, 신경을 쓰는

형 조심하는, 주의 깊은, 세심한   be careful with ~에 주의하다

careful consideration 신중한 고려

6 **colorful** [kʌ́lərfəl]   color 색 + ful = 색채가 풍부한, 다채로운

형 ① 형형색색의   colorful costumes 형형색색의 의상들

② 흥미진진한   a colorful character 흥미진진한 성격

Memory Booster!

형용사 접미사 –ish로 표현하기

fool**ish**(바보 같은), child**ish**(어린아이 같은)처럼 명사에 –ish를 붙이면 '~의 경향이 있는, ~같은'의 뜻을 지닌 형용사가 돼요. 또한 생활 영어에서는 기존에 있는 단어는 아니지만 –ish를 붙여서 아주 다양하게 사용하기도 해요.

'우리 6시쯤 만날까?' 할 때, '6-**ish**'라고 하기도 하고,

'갈색빛이 살짝 도는'이라고 말할 땐 'brown-**ish**',

'큰 것 같은'도 'tall-**ish**' 하면 되죠.

주로 숫자, 색깔, 감정 등등 매우 다양하게 사용된답니다.

-y ~이 가득 찬, ~한 경향이 있는

1 **cloudy** [kláudi]　cloud 구름 + y = 흐린

(형)　① 흐린, 구름이 잔뜩 낀　a cloudy day 구름 낀 하루

　　② 탁한, 흐릿한　a cloudy memory 흐릿한 기억

　　　　　　　　a cloudy window (수증기 등으로) 뿌연 창문

---

2 **fishy** [fíʃi]　fish 물고기 + y = 생선 냄새가 나는

(형)　① 생선 냄새가 나는　a fishy smell 비린내

　　② 수상한　something fishy about ~에 수상한 점

---

3 **greedy** [gríːdi]　greed 탐욕 + y = 탐욕스러운

(형)　탐욕스러운, 욕심 많은　greedy for ~에 욕심 많은

Write the Words

MP3-050

1 The website was full of useful information. 그 웹사이트에는 유용한 정보가 가득했다.

useful	유용한

2 He is still suffering from a painful injury. 그는 여전히 고통스러운 부상으로 고생하고 있다.

painful	고통스러운

3 I felt successful when I scored a goal. 나는 골을 넣었을 때 성공한 느낌이었다.

successful	성공한

4 My teacher made helpful comments on my writing.

우리 선생님은 내 작문에 도움이 되는 지적을 해 주셨다.

helpful	도움이 되는

5 You must be careful when using sharp tools. 날카로운 도구를 사용할 때는 조심해야 한다.

careful	조심하는

6 They wore colorful costumes for the school festival.

그들은 학교 축제를 위해 형형색색의 의상을 입었다.

colorful	형형색색의		

7 People often feel down on cloudy days. 사람들은 흐린 날 종종 기분이 울적해진다.

cloudy	흐린		

8 Something seems fishy about her alibi. 그녀의 알리바이는 무언가 수상한 것 같다.

fishy	수상한		

9 The businessman was as greedy as Scrooge. 그 사업가는 스크루지처럼 탐욕스러웠다.

greedy	탐욕스러운		

Word Box

suffer from ~로 고통받다   score ~을 득점하다   comment 논평, 의견   feel down 마음이 울적하다
alibi 알리바이, 현장 부재 증명

Unit 10 형용사 접미사 ② -less, -en

-less ~이 없는

1 careless [kéərlis]   care 주의, 돌봄 + less = 부주의한

(형) 부주의한, 경솔한, ~에 개의치 않는   careless about ~에 부주의한

a careless mistake 경솔한 실수

2 hopeless [hóuplis]   hope 희망 + less = 희망 없는

(형) 가망 없는, 절망적인, 무능한   lonely and hopeless 외롭고 절망적인

hopeless at ~에 가망 없는, ~를 정말 못하는

3 useless [júːslis]   use 사용, 용도 + less = 쓸모없는

(형) 소용없는, 쓸모없는   completely useless 완전히 쓸모없는

4 priceless [práislis]   price 값, 값을 매기다 + less = 값을 매길 수 없는

(형) 값을 매길 수 없는, 대단히 귀중한   a priceless treasure 가격을 매길 수 없는 보물

priceless knowledge 귀중한 지식

5 homeless [hóumlis]   home 집 + less = 집이 없는, 집이 없는 사람들

(형) 노숙자의   the homeless 노숙자들(= homeless people)

6 endless [éndlis]   end 끝 + less = 끝없는

(형) 끝없는, 무한한, 한없는   an endless journey 끝없는 여정

endless worries 끝없는 걱정

7 speechless [spíːtʃlis]   speech 말 + less = 말 없는, 말할 수 없는

(형) 말을 못 하는, 말문이 막힌   speechless with rage 분노로 말을 못 잇는

–ful과 –less로 반의어 정리하기

- care**ful** 조심성 있는 - care**less** 부주의한
- hope**ful** 희망적인 - hope**less** 절망적인
- use**ful** 유용한 - use**less** 쓸데없는
- help**ful** 도움이 되는 - help**less** 속수무책인
- harm**ful** 해로운 - harm**less** 해가 없는
- fear**ful** 무서운 - fear**less** 두려움을 모르는

    careful   careless   fearful   fearless

-en ~로 만든

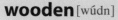

1   **golden** [góuldən]   gold 금 + en = 금으로 된

    형   ① 금으로 만든, 황금빛의   **a golden goose** 황금알을 낳는 거위

         ② (때·시대 등이) 행복에 가득 찬, 번영을 누리는   **the golden age of** ~의 황금기

2   **wooden** [wúdn]   wood 나무 + en = 나무로 된

    형   나무로 된, 목재의   **a wooden box** 나무 상자

1 She was careless about proofreading her essays.

그녀는 자신의 에세이를 교정 보는 것을 소홀히 했다.

careless	부주의한		

2 I felt hopeless when I couldn't find my cellphone. 나는 휴대폰을 찾을 수 없어서 절망적이었다.

hopeless	절망적인		

3 He realized it's useless worrying about it. 그는 그것을 걱정해도 소용없다는 것을 깨달았다.

useless	소용없는		

4 The old photograph is a priceless treasure. 그 오래된 사진은 값을 매길 수 없는 보물이다.

priceless	값을 매길 수 없는		

5 They volunteered at a homeless shelter. 그들은 노숙자 쉼터에서 자원봉사를 했다.

homeless	노숙자의		

6 I was exhausted from endless assignments. 나는 끝없는 과제 때문에 지쳐 있었다.

endless	끝없는		

7 After hearing the news, I was speechless with excitement.

그 소식을 듣고, 나는 너무 기뻐 말을 잇지 못했다.

speechless	할 말을 잃은		

8 She received a golden necklace as a birthday gift. 그녀는 생일 선물로 금목걸이를 받았다.

golden	금으로 된		

9 We gathered around the big wooden table. 우리는 큰 목재 테이블 주위에 둘러앉았다.

wooden	나무로 된		

Word Box

proofread 교정을 보다   essay 논문, 작문   volunteer 봉사하다, 자원하여 하다   shelter 쉼터, 주거지
exhausted 기진맥진한   assignment 과제, 임무

-able/-ible ~할 수 있는

1. comfortable [kʌ́mfərtəbl] comfort 편안 + able = **편안한**

형 편안한, 쾌적한 **feel** comfortable 편안하게 느끼다

comfortable **clothes** 편안한 옷

2. reasonable [ríːzənəbl] reason 이유 + able = 이유에 적합한 → **타당한**

형 ① 타당한, 합리적인 **a** reasonable **excuse** 합당한 변명

② (가격이) 적당한 **at** reasonable **prices** (많이 비싸지 않은) 적당한 가격에

3. reliable [riláiəbl] rely 신뢰하다 + able = **믿을 수 있는**

형 믿을 수 있는, 믿을 만한 reliable **people** 믿을 수 있는 사람들

a reliable **way** 믿을 만한 방법

4. responsible [rispɑ́nsəbl] response 대답 + ible = 대답할 수 있는 → **책임이 있는**

형 책임이 있는, 책임을 져야 할 **be** responsible **for** ~에 책임을 지다

a responsible **attitude** 책임감 있는 태도

5. flexible [fléksəbl] flex 구부리다 + ible = 잘 구부러지는

형 잘 구부러지는, 신축성 있는, 유연한 **a** flexible **cord** 잘 구부러지는 (전기) 코드

work flexible **hours** 자유 근무시간제로 일하다

6. visible [vízəbl] vis 보이다 + ible = 눈에 보이는

형 (눈에) 보이는, 가시적인 **highly** visible 눈에 확 띄는

visible **to the naked eye** 맨눈으로도 보이는

'엄청나게 좋음'을 나타내는 awesome

awesome은 awe(경외감)에 접미사 -some이 붙어서 'filled with awe(awe로 가득한)' 즉 '엄청나게 좋다'는 뜻이 된 단어죠. good 처럼 '좋다'는 뜻이지만 훨씬 과장된 느낌으로 젊은 층에서 자주 쓰는 단어예요. 우리말로 '대박' 정도에 해당한다고 보면 돼요. 비슷한 정도의 좋음을 강하게 나타내는 형용사로는 incredible, fantastic, amazing, marvelous 등이 있답니다.

-some ~을 가져오는, ~하는 경향이 있는

1 awesome [ɔ́ːsəm]　awe 경외감 + some = 경외감으로 가득한 → 엄청난

　[형] ① 엄청난, 어마어마한　an awesome gift 끝내주는 선물

　　　② 기가 막히게 좋은　absolutely awesome 굉장히 좋은

---

2 lonesome [lóunsəm]　lone 혼자인 + some = 외로운

　[형] 외로운, 인적이 드문　a lonesome life 외로운 삶

---

3 troublesome [trʌ́bəlsəm]　trouble 곤란 + some = 곤란함으로 가득한 → 골칫거리인

　[형] 골치 아픈, 고질적인　a troublesome child 말썽꾸러기 아이

　　　　　　　　　　　a troublesome cough 고질적인 기침

1 I feel comfortable when I'm with my friends. 나는 친구들과 함께 있을 때 편안함을 느낀다.

comfortable	편안한		

2 I bought limited items at reasonable prices. 나는 한정판 아이템을 적당한 가격에 구입했다.

reasonable	(가격이) 적당한		

3 The weather forecast is reliable and accurate. 일기 예보는 믿을 만하고 정확하다.

reliable	믿을 만한		

4 As citizens, we are responsible for following laws.

시민으로서 우리는 법을 지켜야 할 책임이 있다.

responsible	책임이 있는		

5 It's important to stay flexible with your plan. 네가 세운 계획에 유연하게 대응하는 것이 중요하다.

flexible	유연한		

6 The warning sign near the pool was clearly visible. 수영장 근처의 경고판은 눈에 잘 띄었다.

visible	(눈에) 보이는		

7 Their concert last night was absolutely awesome. 어젯밤 그들의 콘서트는 정말 굉장했다.

awesome	엄청난		

8 The lonesome cry of the wolf echoed through the night.

늑대의 외로운 울음이 밤새 울려 퍼졌다.

lonesome	외로운		

9 The troublesome neighbors play loud music every night.

골치 아픈 이웃들이 매일 밤 시끄러운 음악을 연주한다.

troublesome	골치 아픈		

Word Box

limited 한정된, 한정판의   weather forecast 일기 예보   accurate 정확한, 정밀한   echo 울려 퍼지다

Unit 12 형용사 접미사 ④ -ous/-ious, -ary

-ous/-ious ~한 성질[특징]이 있는, ~이 많은

1 nervous [nə́ːrvəs]　nerve 신경 + ous = 신경이 쓰이는 → **초조한**

형 긴장한, 초조한　get nervous 불안해지다

look nervous 불안해 보이다

---

2 dangerous [déindʒərəs]　danger 위험 + ous = **위험한**

형 위험한, 위태로운　dangerous for ~에게 위험한

a dangerous job 위험한 일[작업]

---

3 glorious [glɔ́ːriəs]　glory 영광 + ious = **영광스러운**

형 ① 영광스러운　a glorious gold medal 영광스러운 금메달

② 눈부시게 아름다운, 대단히 즐거운　a glorious sunset 아름다운 일몰

---

4 spacious [spéiʃəs]　space 공간 + ious = **널찍한**

형 널찍한, 넓은　a spacious room 널찍한 방

---

5 mysterious [mistíəriəs]　mystery 수수께끼, 신비 + ious = **이해하기 힘든**

형 ① 이해하기 힘든, 기이한, 불가사의한　a mysterious character 미스터리한 인물

② 이상한, 수상한　a mysterious noise 이상한 소음

---

6 various [véəriəs]　vary 다르다 + ious = **다양한**

형 다양한, 여러 가지의　come in various sizes 다양한 크기로 나온다

for various reasons 다양한 이유로

미국의 학교 제도

primary school은 '초등학교'를 말해요. 초등학교 가기 전 유치원은 kindergarten 또는 preschool 이라고 한답니다. 보통 preschool은 유치원보다 더 어린 아이들이 다니는 유아교육기관을 말하기 도 하고, 유치원을 포괄하는 취학 전 교육기관을 말하기도 해요.

미국의 secondary school은 우리의 중학교와 고등학교에 해당해요. 주에 따라 다르지만 보통 6 학년이나 7학년에서 12학년까지를 말하죠.

primary school	elementary school 초등학교
secondary school	middle school 중학교
	high school 고등학교

-ary ~와 관련된

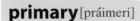

① primary [práimeri]   prim 최초 + ary = **최초의, 주된**

형 ① 최초의, 초기의 primary school 초등학교 (영국)

② 주요한, 기본적인 the primary reason 주된 이유

---

② legendary [lédʒəndèri]   legend 전설 + ary = **전설적인**

형 전설적인, 아주 유명한, 전설 속의 a legendary explorer 전설적인 탐험가

legendary heroes 전설 속의 영웅들

---

③ secondary [sékəndèri]   second 두 번째의 + ary = **이차적인**

형 ① 이차적인 a secondary infection 이차 감염

② 중등 교육의 secondary school 중등 학교

1 She seemed nervous before her big presentation. 그녀는 중요한 발표 전에 긴장한 것처럼 보였다.

nervous	긴장한		

2 It's too dangerous to climb the mountain in winter. 겨울에 산에 오르는 것은 매우 위험하다.

dangerous	위험한		

3 We shared a glorious moment at the podium. 우리는 시상대에서 영광스러운 순간을 함께 했다.

glorious	영광스러운		

4 Their backyard is incredibly spacious. 그들의 뒷마당은 어마어마하게 넓었다.

spacious	널찍한		

5 He is trying to solve a mysterious case. 그는 미스터리한 사건을 해결하려고 노력하고 있다.

mysterious	기이한		

6 Many people move to a big city for various reasons.

많은 사람이 다양한 이유로 대도시로 이사한다.

various	다양한		

7 Their primary concern is the safety of their students. 그들의 주된 관심사는 학생들의 안전이다.

primary	주요한		

8 I heard the story of a legendary treasure. 나는 전설에 나오는 보물에 관한 이야기를 들었다.

legendary	전설 속의		

9 She made lifelong friends in secondary school. 그녀는 중등 학교에서 평생 친구들을 만들었다.

secondary	중등 교육의		

Word Box

podium 연단, 단   incredibly 엄청나게, 매우   case 사건, 사례   concern 관심사, 걱정   lifelong 평생의, 일생의

Check Your Words

중심의 접미사가 어떤 품사의 단어를 만드는지 생각하며 빈칸에 단어의 뜻을 쓰세요.

Unit 09

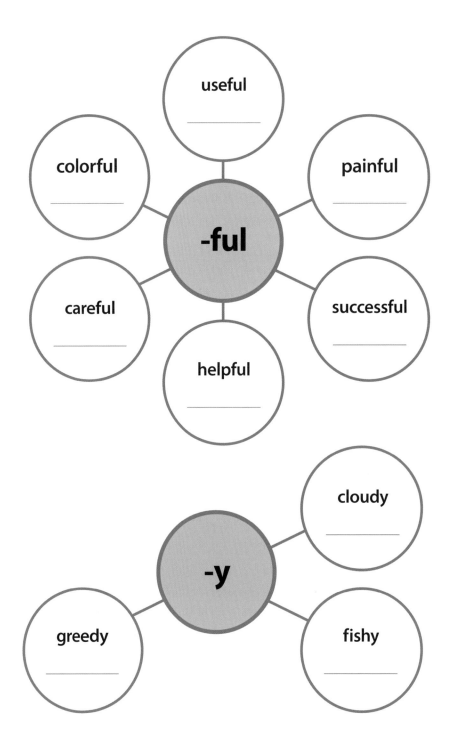

careless
_____

speechless
_____

hopeless
_____

endless
_____

-less

useless
_____

homeless
_____

priceless
_____

golden
_____

-en

wooden
_____

Check Your Words

중심의 접미사가 어떤 품사의 단어를 만드는지 생각하며 빈칸에 단어의 뜻을 쓰세요.

Unit 11

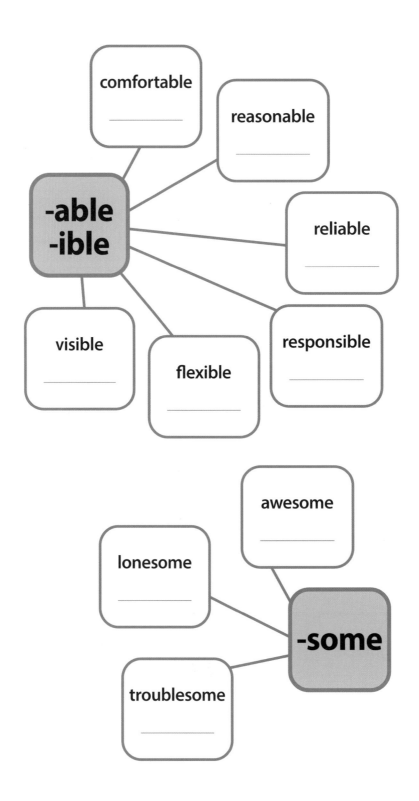

comfortable
_____

reasonable
_____

-able
-ible

reliable
_____

visible
_____

flexible
_____

responsible
_____

awesome
_____

lonesome
_____

-some

troublesome
_____

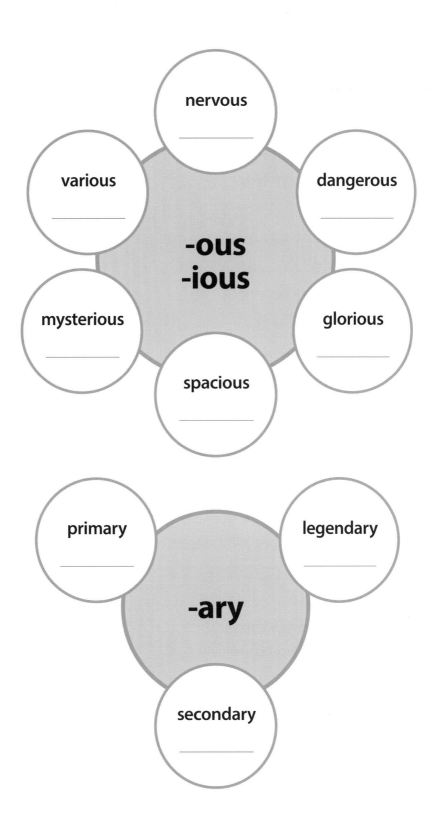

nervous
_____

various
_____

dangerous
_____

-ous
-ious

mysterious
_____

glorious
_____

spacious
_____

primary
_____

legendary
_____

-ary

secondary
_____

Unit 13 형용사 접미사 ⑤ -al, -ate

MP3-057

-al ~의, ~와 관련된

1 dental [déntl] dent 치아 + al = **치아의**

형 치아의, 치과의 dental **treatment** 치과 치료
dental **records** 치과 기록

2 national [nǽʃənl] nation 국가 + al = **국가의**

형 ① 국가의, 전국적인 a national **holiday** 국경일
② 국립의 a national **cemetery** 국립묘지

3 cultural [kʌ́ltʃərəl] culture 문화 + al = **문화의**

형 문화의, 문화와 관련된 cultural **differences** 문화적 차이
cultural **background** 문화적 배경

4 formal [fɔ́ːrməl] form 형식 + al = **격식을 차린**

형 ① 격식을 차린, 정중한 formal **clothes** 정장
② 공식적인 a formal **announcement** 공식 발표
Plus 반의어: informal 형 격식에 얽매이지 않는, 평상복의

5 global [glóubəl] globe 지구 + al = **세계적인**

형 세계적인, 지구의 global **warming** 지구 온난화
a global **economy** 세계 경제

6 official [əfíʃəl] office 사무실, 직무 + al = **공식적인**

형 공식적인, 공인된 official **records** 공식적인 기록들
명 공무원, 임원 a government official 정부 공무원

dental로 배우는 치과 관련 단어들

dental은 '치과의, 치아의'라는 뜻의 형용사죠. 치과와 관련된 다른 단어들도 알아볼까요?

- **dental** floss 치실
- **dental** care 치아 관리
- **dental** clinic 치과 (병원)
- cavity 충치
- braces 치아 교정기
- **dental** implants 임플란트(인공 치아 이식)

-ate ~한 특징이 가득한

① **passionate** [pǽʃənət] passion 열정 + ate = 열정적인

형 열정적인, 열렬한 **be passionate about** ~에 열정적이다

a passionate speech 열정적인 연설

② **considerate** [kənsídərət] consider 고려하다, 깊이 생각하다 + ate = 사려 깊은

형 사려 깊은, 배려하는 **considerate behavior** 사려 깊은 행동

considerate of ~을 배려하는

③ **unfortunate** [ʌnfɔ́rtʃənət] un 부정 접두사 + fortune 운 + ate = 운이 없는

형 ① 운이 없는, 불운한, 불행한 **an unfortunate accident** 불운한 사고

② 유감스러운 **an unfortunate decision** 유감스러운 결정

1 I have a dental appointment at 5 o'clock tomorrow. 나는 내일 5시에 치과 예약이 있다.

dental	치과의		

2 We visited Seoraksan National Park for our summer vacation.

우리는 여름방학에 설악산 국립공원을 방문했다.

national	국립의		

3 He applied to participate in the cultural exchange program.

그는 문화 교류 프로그램에 참여하고자 지원했다.

cultural	문화의		

4 Children begin their formal education around the age of 6.

아이들은 6세 정도부터 정규 교육을 시작한다.

formal	공식적인		

5 Climate change is one of the most critical global issues.

기후 변화는 가장 중요한 세계 문제 중 하나이다.

global	세계적인		

6 The company is the official sponsor of the sports tournament.

그 회사가 그 스포츠 대회의 공식 후원사이다.

official	공식적인

7 His passionate speech inspired the audience. 그의 열정적인 연설은 청중들을 고무시켰다.

passionate	열정적인

8 She is always considerate of her neighbors. 그녀는 항상 이웃들을 배려한다.

considerate	사려 깊은

9 It was unfortunate that the weather turned cloudy. 날씨가 흐려지다니 운이 없었다.

unfortunate	운이 없는

Word Box

critical 중대한, 결정적인 sponsor 후원자, 스폰서 tournament 시합, 선수권 쟁탈전

inspire 고무하여 ~할 마음이 내키게 하다, (감정, 생각 등을) 불어넣다 audience 관객, 청중, 관중

형용사 접미사 ⑥ -ant/-ent, -ar

-ant/-ent ~인, ~한

1 pleasant [plézənt] please 기쁘게 하다 + ant = 기분 좋은

형 ① 즐거운, 기분 좋은, 쾌적한 **a pleasant surprise** 뜻밖의 기쁨

② 상냥한, 예의 바른 **a pleasant man** 상냥한 사람

2 significant [signífikənt] signify 중요하다 + ant = 중요한

형 중요한, 의미 있는, 상당한 **a significant change** 중요한 변화

a significant number of 상당수의

3 excellent [éksələnt] excel 뛰어나다 + ent = 뛰어난

형 훌륭한, 탁월한 **an excellent choice** 탁월한 선택

in excellent health 매우 건강한

4 efficient [ifíʃənt] effici (라틴어에서 유래) 어떤 결과를 가져오다 + ent = 효율적인

형 능률적인, 유능한, 효율적인 **an efficient worker** 유능한 직원

an efficient system 효율적인 시스템

5 patient [péiʃənt] pati (라틴어에서 유래) 참다, 견디다 + ent = 참을성 있는

형 참을성 있는, 인내심 있는 **Be patient.** 인내심을 가지세요.

명 환자 **examine a patient** 환자를 진료하다

6 urgent [ə́:rdʒənt] urge 다그치다, 재촉하다 + ent = 긴급한

형 긴급한, 시급한 **an urgent message** 긴급한 메시지

선생님이 학생을 칭찬할 때 쓰는 표현

학생들의 작문이나 발표, 또는 과제를 평가할 때 선생님은 칭찬의 표현을 자주 하시죠. 말로 하거나 또는 과제에 써서 주시는 칭찬 표현을 알아볼까요?

- Great job! / Well done! 잘했어.
- Excellent work! 매우 잘했어.(보통 good보다 더 잘했을 때 써요.)
- Outstanding! 뛰어나구나.
- Fantastic effort! 환상적인 노력이야.
- You're really improved! 정말 발전했어.
- Keep up the good work! 계속 잘하거라.
- You're doing great! 잘하고 있어.

-ar ~한 성질의, ~의

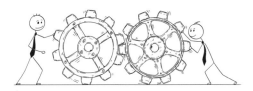

1 **similar** [símələr]   simil (라틴어에서 유래) 같은 + ar = **비슷한**

형 비슷한, 유사한   similar **to** ~와 비슷한

similar **in** ~면에서 비슷한

---

2 **polar** [póulər]   pole (지구의) 극 + ar = **양극의**

형 북극[남극]의, 극지의   **the polar regions** 극지방

polar ice caps 극지방의 만년설

---

3 **familiar** [fəmíljər]   family 가족 + ar = **익숙한**

형 익숙한, 친숙한, 잘 아는   **a familiar face** 익숙한 얼굴

Plus 반의어: unfamiliar 형 익숙하지 않은

1 It was a pleasant surprise to find you there. 너를 그곳에서 발견한 것은 뜻밖의 기쁨이었다.

pleasant	기분 좋은		

2 A significant number of students participated in the science fair.

상당수의 학생이 과학 박람회에 참가했다.

significant	상당한		

3 They provide excellent service for their customers. 그들은 고객들에게 훌륭한 서비스를 제공한다.

excellent	훌륭한		

4 We need a more efficient system for recycling.

우리는 재활용을 위해 좀 더 효율적인 시스템이 필요하다.

efficient	효율적인		

5 I would be patient and wait for their response. 나는 인내심을 가지고 그들의 응답을 기다릴 것이다.

patient	인내심 있는		

6 He has an urgent message for his colleagues. 그는 동료들을 위한 긴급한 메시지를 가지고 있다.

urgent	긴급한		

7 The two songs are similar to each other in melody. 두 노래는 멜로디 면에서 서로 비슷하다.

similar	비슷한		

8 The polar bear is a symbol of the Arctic. 북극곰은 북극 지방의 상징이다.

polar	북극의		

9 We are familiar with the power of technology. 우리는 기술의 힘에 익숙하다.

familiar	익숙한		

형용사 접미사 ⑦ -ive, -ic

-ive ~하는 경향[성질]이 있는

1 **creative** [kriéitiv] create 창조하다 + ive = **창조적인**

형 창조적인, 창의적인 creative **writing** 창조적인 작문, 문예 창작

creative **design** 창조적인 디자인

2 **effective** [iféktiv] effect 효과 + ive = **효과적인**

형 효과적인, 실질적인 highly effective 매우 효과적인

an effective **solution** 효과적인 해결책

3 **attractive** [ətræktiv] attract 마음을 끌다 + ive = **매력적인**

형 매력적인 attractive **to** ~에게 매력적인

find A attractive A가 매력적이라고 생각하다

4 **negative** [négətiv] negate 부정하다 + ive = **부정적인**

형 부정적인, 나쁜, 비관적인 a negative **answer** 부정적인 답변

have a negative **effect on** ~에 부정적인 영향을 끼치다

5 **positive** [pázətiv] posit (라틴어에서 유래) 두다, 사실로 받아들이다 → 의문의 여지없이 확실하다 + ive = **긍정적인**

형 긍정적인, 확신하는 a positive **response** 긍정적인 반응

be positive **about** ~에 대해 확신하다

6 **native** [néitiv] nat (라틴어에서 유래, born) 태어나다 + ive = **태어난 곳의**

형 태생의, 토박이의, 타고난 a native **language** 모국어

명 ~ 태생[출신]인 사람, 현지인 a native **of** ~의 토박이

positive와 negative 다른 뜻 알아보기

positive는 '긍정적인'의 뜻을 가지고 있지만 검사 결과 등에서 '양성'이 나왔다고 할 때도 사용해요. **negative** 역시 '부정적인'이라는 뜻으로 많이 쓰이지만 검사 결과를 말할 땐 '음성'이라는 뜻이에요.

- The COVID-19 test results came back **positive**. 코로나 검사 결과가 양성으로 나왔다.
- Fortunately, she tested **negative** for the virus.
  다행히도, 그녀는 바이러스 검사에서 음성이 나왔다.

'긍정적인'은 좋은 의미인데 반해 검사 결과가 양성이라고 하면 병이 있다는 뜻이 되고, '부정적인'은 나쁜 의미인데 검사 결과가 음성이면 다행한 일이 되니 헷갈리기 쉽답니다.

-ic ~와 관련된, ~적인

1 historic [histɔ́:rik]   history 역사 + ic = **역사적인**

형 역사적인, 역사적으로 중요한   a historic **moment** 역사적인 순간

　　　　　　　　　　　　　　a historic **building** 역사적인 건물

Plus prehistoric 형 선사시대의(pre 이전 + historic)

---

2 heroic [hiróuik]   hero 영웅 + ic = **영웅적인**

형 ① 영웅적인, 용감무쌍한   heroic **behavior** 영웅적인 행동

　　② 영웅의, 영웅에 관한   a heroic **story** 영웅 이야기

---

3 economic [èkənámik]   economy 경제 + ic = **경제의**

형 경제의, 경제성이 있는   economic **development** 경제 발전

1 The children engaged in a creative activity during art class.

아이들은 미술 시간에 창의적인 활동에 참여했다.

creative	창의적인		

2 Regular exercise is an effective way to manage weight.

규칙적인 운동이 체중을 관리하는 데 효과적인 방법이다.

effective	효과적인		

3 Many people seemed to find him attractive. 많은 사람이 그를 매력적이라고 생각한 것 같았다.

attractive	매력적인		

4 The overuse of antibiotics might have negative effects on our health.

항생제의 남용은 우리 건강에 부정적인 영향을 끼칠 수도 있다.

negative	부정적인		

5 Positive thinking can help you find creative solutions.

긍정적인 사고는 당신이 창의적인 해결책을 찾는 데 도움을 줄 수 있다.

positive	긍정적인		

6 Our teacher, Ms. Lisa, is a native speaker of English. 우리 리사 선생님은 영어 원어민이다.

native	태생의		

7 I thought it was a historic moment in my life.

나는 그때가 내 인생의 역사적인 순간이라고 생각했다.

historic	역사적인		

8 Every culture has its heroic stories. 모든 문화는 자신들의 영웅 이야기를 가지고 있다.

heroic	영웅의		

9 The country is facing a serious economic crisis. 그 나라는 심각한 경제 위기에 처해 있다.

economic	경제의		

부사 접미사 -ly, -ward

MP3-063

-ly (거의 모든 형용사에 붙어 부사를 만듦)

1 **finally** [fáinəli] final 마지막의 + ly = **마침내**

(부) 마침내, 마지막으로 finally **arrived** 마침내 도착했다

finally **agreed** 마침내 동의했다

2 **quietly** [kwáiətli] quiet 조용한 + ly = **조용히**

(부) 조용히, 침착하게 move quietly 조용히 움직이다

quietly **forgotten** 조용히 잊힌

3 **usually** [júːʒuəli] usual 평상시의 + ly = **대개**

(부) 보통, 대개 usually **work alone** 보통 혼자 일한다

usually **wake up early** 보통 일찍 일어난다

4 **accidentally** [æksədéntəli] accidental 돌발적인 + ly = **뜻하지 않게**

(부) 우연히, 뜻하지 않게, 잘못하여 accidentally **discover** 우연히 발견하다

accidentally **delete** 잘못하여 지우다

5 **completely** [kəmplíːtli] complete 완전한 + ly = **완전히**

(부) 완전히, 전적으로 completely **same** 완전히 똑같은

completely **forget** 완전히 잊다

6 **extremely** [ikstríːmli] extreme 극도의 + ly = **극도로**

(부) 극도로, 지극히 extremely **busy** 극도로 바쁜

extremely **odd** 대단히 이상한

7 **regularly** [régjulərli] regular 규칙적인 + ly = **규칙적으로**

(부) 규칙적으로, 정기적으로, 자주 regularly **visit** 정기적으로 방문하다

부사 접미사 –ward로 방향을 표현하자

-ward를 방향을 뜻하는 단어 뒤에 붙이면 '~로', 또는 '~쪽으로'라는 뜻이 돼요. **forward**, **backward** 이외에도 **eastward** 하면 '동쪽의', '동쪽으로'가 되지요. up 또는 down에 붙일 수도 있어요. **upward** 하면 '위쪽으로' 또는 '상승하는', **downward** 하면 '아래로' 또는 '하락하는'이 된답니다.

bend forward 앞으로 구부리다   **bend backward** 뒤로 젖히다   **look upward** 위를 보다   **look downward** 아래쪽을 보다

-ward ~(방향)으로

1 **forward** [fɔ́:rwərd]   fore 앞 + ward = 앞으로

부 앞으로   **lean** forward 앞으로 숙이다

   step forward 앞으로 나아가다

2 **backward** [bǽkwərd]   back 뒤 + ward = 뒤로

부 뒤로, 거꾸로, 반대 방향으로   **fall** backwards 뒤로 넘어지다

   Plus backward와 backwards 모두 맞는 표현이에요. 미국에서는 주로 backward를 써요.

다음 문장을 듣고, 표시된 단어와 그 뜻을 쓰며 암기해 보세요.

1 I finally found a solution to the problem. 나는 마침내 문제의 해결책을 찾았다.

finally	마침내		

2 They moved quietly not to wake the sleeping baby.

그들은 자는 아기를 깨우지 않기 위해 조용히 움직였다.

quietly	조용히		

3 We usually wake up late on weekends. 우리는 보통 주말에 늦게 일어난다.

usually	보통		

4 He accidentally deleted the file for his presentation. 그는 잘못해서 발표 준비 파일을 삭제했다.

accidentally	잘못하여		

5 She was completely different from what I'd expected.

그녀는 내가 기대했던 것과 완전히 달랐다.

completely	완전히		

6 Learning a new language can be extremely difficult.

새로운 언어를 배우는 것은 대단히 어려울 수 있다.

extremely	극도로		

7 I had to take the medicine regularly, twice a day.

나는 하루에 두 번, 규칙적으로 그 약을 먹어야 했다.

regularly	규칙적으로		

8 I look forward to hearing from you soon. 나는 곧 너에게서 소식을 듣기를 기대한다.

forward	앞으로		

9 The doctor told me to count backward from 10.

의사 선생님은 나에게 10부터 거꾸로 세라고 말했다.

backward	거꾸로		

Word Box

take medicine 약을 먹다 look forward to ~을 기대[예상]하다 hear from ~로부터 연락을 받다

Check Your Words

중심의 접미사가 어떤 품사의 단어를 만드는지 생각하며 빈칸에 단어의 뜻을 쓰세요.

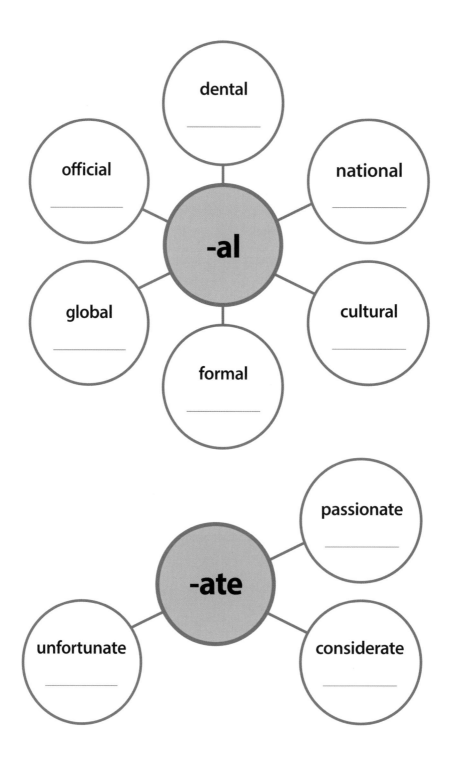

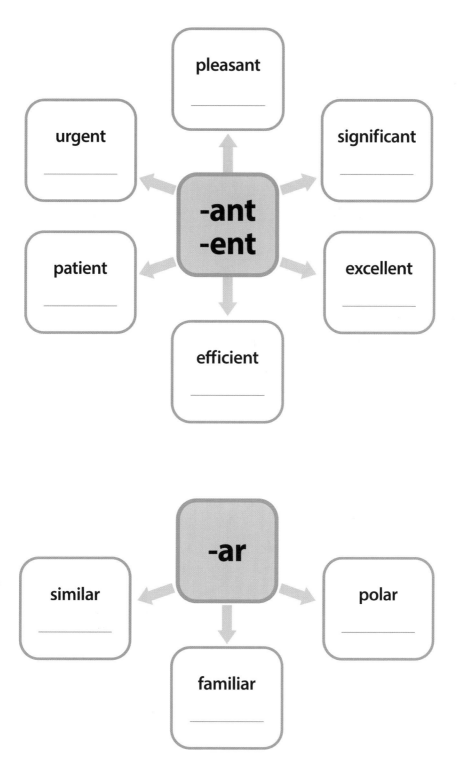

pleasant
_____

urgent
_____

significant
_____

-ant
-ent

patient
_____

excellent
_____

efficient
_____

-ar

similar
_____

polar
_____

familiar
_____

Check Your Words

중심의 접미사가 어떤 품사의 단어를 만드는지 생각하며 빈칸에 단어의 뜻을 쓰세요.

Unit 15

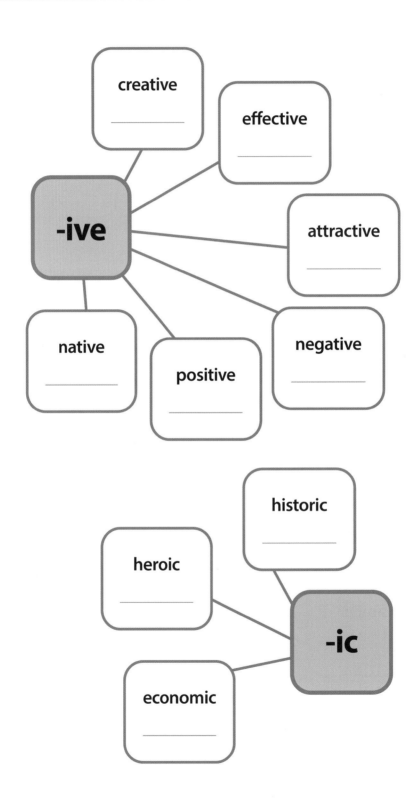

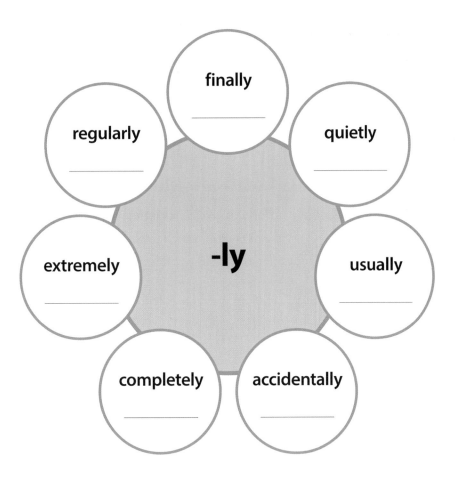

finally
_____

regularly
_____

quietly
_____

extremely
_____

-ly

usually
_____

completely
_____

accidentally
_____

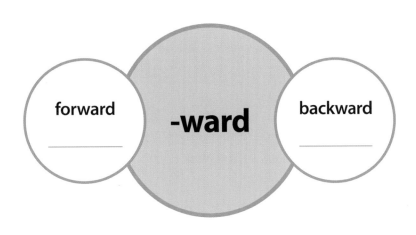

forward
_____

-ward

backward
_____

동사 접미사 ① -ize, -fy/-ify

-ize ~되게 하다, ~화하다, ~에 넣다

1 **realize**[ríːəlàiz]　real 진짜의 + ize = 깨닫다

[동] 깨닫다, 알아차리다, 인식하다　**suddenly** realize 갑자기 깨닫다

　　　　　　　　　　　　　　never realize 절대 알아차리지 못하다

2 **civilize**[sívəlàiz]　civil 시민의, 문명의 + ize = 문명화하다

[동] 개화하다, 문명으로 이끌다　**efforts to** civilize **societies** 사회 개화를 위한 노력

　　　　　　　　　　　　　　try to civilize 개화하려 노력하다

3 **apologize**[əpálədʒìze]　apology 사과 + ize = 사과하다

[동] 사과하다　apologize **to** ~에게 사과하다

　　　　　　apologize **for** ~에 대해 사과하다

4 **analyze**[ǽnəlàiz]　analysis 분석 + ize = 분석하다

[동] 분석하다　analyze **data** 데이터를 분석하다

　　　　　　analyze **DNA** DNA를 분석하다

5 **memorize**[méməràiz]　memory 기억 + ize = 암기하다

[동] 암기하다　memorize **a poem** 시를 암기하다

　　　　　　memorize **password** 비밀번호를 외우다

6 **symbolize**[símbəlàiz]　symbol 상징 + ize = 상징하다

[동] 상징하다　symbolize **good fortune** 행운을 상징하다

　　　　　　symbolize **love** 사랑을 상징하다

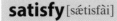

Memory Booster!

Laboratory Tools (실험 도구들)

magnifying glass
돋보기

balance scale
양팔저울

test tube
시험관

microscope
현미경

dropper
스포이트

telescope
망원경

alcohol burner
알코올램프

funnel
깔때기

-fy/-ify ~되다

1 **satisfy** [sǽtisfài]   satis (라틴어에서 유래) 충분한 + fy = 충족시키다

동 충족시키다, 만족시키다   satisfy **demand** 수요를 충족시키다

satisfy **needs** 요구를 만족시키다

2 **magnify** [mǽgnəfài]   magni (라틴어에서 유래) 큰 + fy = 확대하다

동 확대하다   magnify *A* **10 times** *A*를 10배로 확대하다

3 **identify** [aidéntəfài]   identi (라틴어에서 유래) 동일한 + fy = 확인하다

동 ① (본인·동일한 것임을) 확인하다, 알아보게 하다   identify **a victim** 피해자를 확인하다

② 동일시하다   identify *A* **with** *B* *A*와 *B*를 동일시하다

1 I never realized how much I loved my family. 나는 내가 얼마나 가족들을 사랑하는지 깨닫지 못했다.

realize	깨닫다		

2 He devoted his life to civilize the tribe. 그는 그 부족을 개화하는 데 일생을 바쳤다.

civilize	개화하다		

3 I would like to apologize for my mistake. 나는 나의 실수에 대해 사과하고 싶다.

apologize	사과하다		

4 They analyzed data to develop a new algorithm.
그들은 새로운 알고리즘을 만들기 위해 데이터를 분석했다.

analyze	분석하다		

5 The students had to memorize a poem for the test. 학생들은 시험을 위해 시를 암기해야 했다.

memorize	암기하다		

6 The handshake can symbolize trust and agreement in business.

악수는 비즈니스 상황에서 신뢰와 합의를 상징할 수 있다.

symbolize	상징하다		

7 The new after-school program will satisfy the students' needs.

새로운 방과 후 프로그램은 학생들의 요구를 충족시켜 줄 것이다.

satisfy	충족시키다		

8 This microscope can magnify an object up to 50 times.

이 현미경은 사물을 50배까지 확대할 수 있다.

magnify	확대하다		

9 He will analyze DNA evidence to identify the suspect.

그는 용의자를 확인하기 위해 DNA 증거를 분석할 것이다.

identify	확인하다		

-ate 주다, 부여하다

1 **decorate**[dékərèit] decor 장식, 꾸밈 + ate = **장식하다**

동 장식하다, 꾸미다 decorate a room 방을 꾸미다

decorate with gold 금으로 장식하다

2 **concentrate**[kánsəntrèit] con 함께 + centr(a) 중심 + ate = **집중하다**

동 집중하다, 전념하다 concentrate on ~에 집중하다

명 농축물 orange juice concentrate 오렌지 주스 농축액

3 **originate**[ərídʒənèit] origin 기원, 근원 + ate = **기원하다**

동 기원[유래]하다, 비롯되다 originate from ~로부터 유래하다

originate in ~에서 유래하다

4 **celebrate**[séləbrèit] celebr 기리다 + ate = **축하하다**

동 기념하다, 축하하다 celebrate one's birthday ~의 생일을 축하하다

celebrate one's anniversary ~의 기념일을 축하하다

5 **frustrate**[frʌ́streit] frustr 헛된 + ate = **좌절감을 주다**

동 좌절감을 주다, 방해하다, 좌절시키다 frustrate an individual's goals 개인의 목표를 좌절시키다

frustrate one's attempt ~의 시도를 좌절시키다

6 **negotiate**[nigóuʃièit] negoti 사업 + ate = **협상하다**

동 ① 교섭하다, 협상하다 negotiate with ~와 협상하다

② 성사시키다, 타결하다 negotiate a deal 거래를 성사시키다

Memory Booster!

영화 속 frustrate를 이용한 표현들

frustrate(좌절하다)은 happy만큼이나 영화 속 등장인물들에서 자주 나타나는 감정이죠. 이야기 속에는 갈등과 좌절이 꼭 필요하니 어쩌면 더 세세하게 묘사된다고도 볼 수 있어요. 너무 답답한 마음을 대사로는 It's frustrating. / It's very frustrating. / I'm frustrated. / How frustrating this is!라고 해요. -ed가 붙어 형용사가 되면 행동이나 상태를 나타내는 자막으로도 다양하게 표현이 돼요.

frustrated scream(좌절하는 비명), frustrated sigh(좌절하는 한숨), frustrated groan(좌절하는 신음), frustrated yell(좌절하는 고함), frustrated grunt(좌절하는 끙 소리), frustrated cries(좌절하는 울음), frustrated exhale(좌절하는 숨소리), frustrated moaning(좌절하는 신음)

인형 뽑기를 하다가 실패했을 때부터 무술 연마가 잘 안 될 때, 엄청난 실험에 실패했을 때 등등 자막에 자주 등장하니 한번 찾아보세요.

-en ~하게 만들다, ~이 되다

1 **fasten** [fǽsn] fast 고정된 + en = 매다

동 ① 매다, 채우다 fasten **seatbelts** 안전벨트를 매다

② 잠그다, 고정시키다 fasten **the gate with a chain** 체인으로 문을 잠그다

2 **lighten** [láitn] light 가벼운 + en = 가볍게 하다

동 ① 가볍게 해주다, 덜어 주다 lighten **the workloads** 업무량을 덜다

② 밝게 하다, 환하게 하다 lighten **the room** 방을 환하게 밝히다

3 **strengthen** [stréŋkθən] strength 힘 + en = 강화하다

동 강화하다, 증강시키다, 강력해지다 strengthen **bonds** 유대를 강화하다

Plus 반의어: weaken 동 약화시키다

1 She decorated her room with pictures of a boy band.

그녀는 남자 아이돌 그룹의 사진들로 방을 꾸몄다.

decorate	꾸미다		

2 You need to concentrate on your goals. 너는 너의 목표에 집중할 필요가 있다.

concentrate	집중하다		

3 The recipe for Kimchi originated in Korea. 김치 요리법은 한국에서 유래했다.

originate	유래하다		

4 They threw a party to celebrate their achievements. 그들은 성과를 축하하기 위해 파티를 열었다.

celebrate	축하하다		

5 His attempt was frustrated by technical difficulties.

그의 시도는 기술적인 어려움 때문에 좌절되었다.

frustrate	좌절시키다		

6 The union will negotiate with the company. 노동조합은 회사 측과 협상할 것이다.

negotiate	협상하다

7 Please make sure to fasten your seatbelt. 안전벨트 매는 것을 잊지 마세요.

fasten	매다

8 They brought in more people to lighten their workloads.

그들은 업무량을 줄이기 위해 사람들을 더 데려왔다.

lighten	덜어 주다

9 Spending time together can strengthen family relationships.

함께 시간을 보내는 것은 가족 간의 관계를 강화할 수 있다.

strengthen	강화하다

Word Box

throw a party 파티를 열다   achievement 성취, 업적   attempt 시도   union 노동조합, 단체   bring in 데려오다
workload 작업량

Check Your Words

중심의 접미사가 어떤 품사의 단어를 만드는지 생각하며 빈칸에 단어의 뜻을 쓰세요.

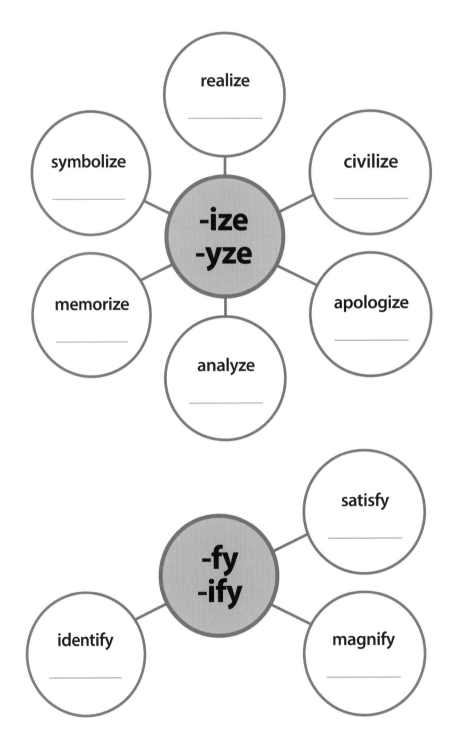

realize
____

symbolize
____

civilize
____

-ize
-yze

memorize
____

apologize
____

analyze
____

satisfy
____

-fy
-ify

identify
____

magnify
____

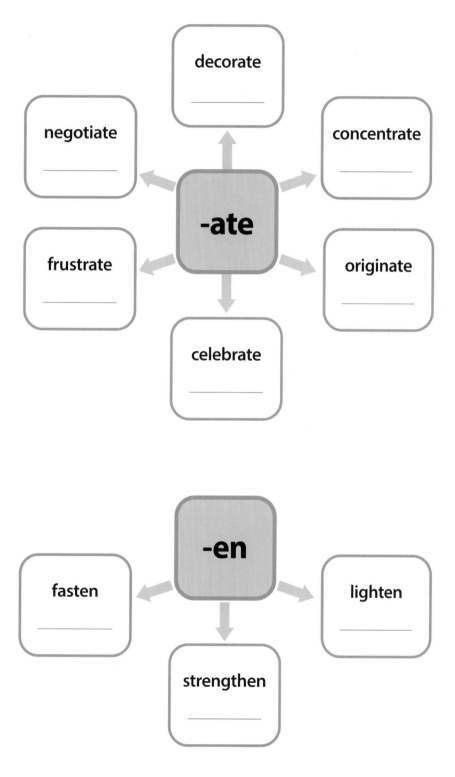

decorate
_____

negotiate
_____

concentrate
_____

frustrate
_____

-ate

originate
_____

celebrate
_____

-en

fasten
_____

lighten
_____

strengthen
_____

Chapter 3.
어근

- 오감 표현의 어근
- 감정·생각 표현의 어근
- 표현·주장의 어근
- 만들고 짓는 의미의 어근
- 부수는 의미의 어근
- 보내거나 던지는 의미의 어근
- 받거나 잡는 의미의 어근
- 움직임·행동 표현의 어근
- 사람 의미의 어근
- 출생과 죽음의 어근

오감 표현의 어근 ① dict, audi, vis/vid

dict say 말하다

1 dictate[díkteit]   dict 말하다, 지시하다 + ate 동사 접미사 = (말하는 것을) 받아쓰게 하다

   동 받아쓰게 하다, 구술하다   **dictate** a memo 메모를 받아 적게 하다

     Plus dictation 명 받아쓰기

2 predict[pridíkt]   pre 미리, 먼저 + dict 말하다 = 미리 말하다 → **예측하다**

   동 예측[예견]하다   **predict** earthquakes 지진을 예측하다

                   predict a victory 승리를 예견하다

3 indicate[índikèit]   in 안으로 + dict 말하다 + ate 동사 접미사 = 말하여 알게 하다 → **가리키다**

   동 ① ~을 나타내다, 암시하다   **indicate** the presence of a problem 문제의 유무를 나타내다

      ② 가리키다, 보여 주다   **indicate** a place on a map 지도의 한 장소를 가리키다

audi hear 듣다

1 audience[ɔ́ːdiəns]   audi 듣다 + ence 명사 접미사 = 듣는 사람 → **청중**

   명 청중, 시청자, 관람객   a huge **audience** 엄청난 청중

                      attract an **audience** 청중을 사로잡다

2 audition[ɔːdíʃən]   audi 듣다 + tion 명사 접미사 = **듣기, 오디션**

   명 오디션, 심사   get an **audition** 오디션을 받다

3 auditory[ɔ́ːditɔ̀ːri]   audi(t) 듣다 + ory 형용사 접미사(~의 성질이 있는) = **청각의**

   형 청각의   **auditory** difficulties 청각 장애

접두사 + 어근 + 접미사

접두사(prefix)는 단어 앞에서 단어에 의미를 더하고, 접미사(suffix)는 단어 끝에서 단어의 품사를 결정한다면, 어근(root)은 단어의 중심 의미를 정하죠. 어근은 단어의 앞에 올 수도 있고, 중간이나 뒤에도 올 수 있어요. 세 가지 요소가 모두 들어가는 단어를 통해 뜻을 유추하는 연습을 해 볼까요?

- **predictor** = pre (before) + dict (say) + or (~하는 것, ~하는 사람) = 예측변수, 예언자
- **indicate** = in (in) + dict (say) + ate (동사 접미사) = 가리키다, 지적하다
- **contradiction** = contra (against) + dict (say) + tion (명사 접미사) = 반대되는 말, 모순
- **revision** = re (again) + vis (see) + ion (명사 접미사) = 수정, 검토

vis/vid see 보다

1 **revise** [riváiz] re 다시 + vis(e) 보다 = 다시 보다 → **변경하다, 수정하다**

동 개정하다, 수정하다 revise **one's essay** ~의 작문을 수정하다

2 **vision** [víʒən] vis 보다 + ion 명사 접미사 = 보는 것 → **시야**

명 ① 시력, 시야 poor vision 나쁜 시력

② 미래상, 비전, 상상력 **a powerful** vision **for** ~를 위한 강력한 비전[미래상]

3 **provide** [prəváid] pro 앞으로, 앞에 + vid(e) 보다 = 미리 보다 → 준비하다 → **주다, 제공하다**

동 제공하다 provide *A* **with** *B* *A*에게 *B*를 제공하다

provide *A* **to** *B* *B*에게 *A*를 제공하다

Write the Words

MP3-070

1 My mom dictated a shopping list to me. 엄마는 나에게 쇼핑 목록을 받아 적게 했다.

dictate	받아쓰게 하다		

2 It's almost impossible to predict earthquakes. 지진을 예측하는 것은 거의 불가능에 가깝다.

predict	예측하다		

3 The traffic signals indicate when it's safe to cross the street.

교통신호는 언제 길을 건너는 것이 안전한지 보여 준다.

indicate	보여 주다		

4 The audience cheered loudly at the concert. 청중들은 콘서트에서 큰 소리로 환호했다.

audience	청중		

5 I've got an audition for the school band. 나는 학교 밴드 오디션이 있다.

audition	오디션		

6 Listening to music too loudly can cause auditory difficulties.

음악을 너무 크게 듣는 것은 청각 장애를 일으킬 수도 있다.

auditory	청각의		

7 He has revised his plan to collect more data. 그는 더 많은 데이터를 모으기 위해 계획을 수정했다.

revise	수정하다		

8 The CEO presented a powerful vision for the company.

CEO는 회사를 위한 강력한 비전을 제시했다.

vision	미래상		

9 Her goal is to provide students with valuable knowledge.

그녀의 목표는 학생들에게 가치 있는 지식을 제공하는 것이다.

provide	제공하다		

Word Box

cheer 환호하다, 응원하다 difficulty 장애, 곤란 present 발표하다

spect see 보다

1 respect [rispékt]   re 뒤에 + spect 보다 = 돌아보다 → **존경하다**

동 존경하다, 존중하다   **highly** respect 대단히 존경하다

명 존경, 존중   **show** respect 존경심을 보이다

---

2 inspect [inspékt]   in 안 + spect 보다 = 안을 들여다 보다 → **조사하다**

동 점검하다, 검사하다, 조사하다   inspect **the goods** 물품들을 검사하다

           inspect **the damage** 손상된 부분을 점검하다

---

3 suspect [səspékt]   su(b) 아래에서부터 + spect 보다 = 아래에서 위로 보다 → **의심하다**

동 의심하다   **strongly** suspect 강하게 의심하다

명 용의자   **a murder** suspect 살인 용의자

sense/sent feel 느끼다

1 sensibility [sènsəbíləti]   sense 느끼다 + ible ~할 수 있는 + ity ~한 특성 = 느낄 수 있음 → **감성**

명 감성, 감수성, 감정   **artistic** sensibility 예술적 감성

           reason and sensibility 이성과 감성

---

2 resent [rizént]   re 다시 + sent 느끼다 = 강한 감정을 느끼다 → **화를 내다**

동 화를 내다, 분개하다   resent **his interruptions** 그의 방해에 분개하다

---

3 consent [kənsént]   con 함께 + sent 느끼다 = 함께 느끼다 → 같은 생각을 하다 → **동의하다**

동 허락하다, 동의하다   consent **to** ~에 동의하다

명 승낙, 허가, 동의, 합의   **the owner's** consent 주인의 허락

오감 표현 어근으로 알아보는 콩글리시

우리는 생활 속에서 알게 모르게 영어 표현을 많이 섞어서 쓰고 있어요. 영어와 우리말을 합친 표현도 있고, 원래 있는 단어는 아니지만 어근과 접사를 이용해 만들어 쓰는 것들도 있어요. 예를 들어 untact(언택트) 같은 경우는 코로나 시대를 지나면서 쓰게 된 말인데요, un (not) + tact (touch)가 합쳐져서 '터치하지 않는', '만지지 않는', '닿지 않는'의 뜻으로 쓰였죠. 원래 사전에 있는 단어가 아니라 한국식 신조어로 '비대면'이라는 뜻이에요. 접사와 어근을 이용하여 새롭게 만든 표현이었죠. 원래는 non-contact, contactless라고 써야 해요.

이밖에 '센스 있다'는 sense(감각, 느낌)에 우리말 '있다'를 붙여 '좋은 감각이 있다'는 뜻으로 사용되고, '리스펙하다' 역시 respect(존경)에 '하다'를 붙여 어떤 것을 멋지다고 표현할 때 사용하죠.

영어를 섞어 쓰더라도 원래의 뜻과 사용법을 알고 쓴다면 공부도 되고 좋겠죠?

tact touch 만지다

1 **contact**[kántækt] con 함께 + tact 만지다 = 서로 접촉하다 → **연락하다**

- 동 연락하다 contact **in an emergency** 비상시에 연락하다
- 명 접촉, 연락, 인맥 **be in** contact **with** ~와 연락하다

2 **tactile**[tǽktil] tact 만지다 + ile 형용사 접미사(~할 수 있는) = **촉각의**

- 형 촉각의, 촉감을 이용한, 만져서 알 수 있는 **a** tactile **sensation** 촉감

3 **intact**[intǽkt] in 부정 접두사 + tact 만지다 = 건드려지지 않은 → **손상되지 않은**

- 형 온전한, 손상되지 않은 **remain** intact 온전하게 남아 있다

1 They respect him for his wisdom and experience. 그들은 그의 지혜와 경험 때문에 그를 존경한다.

respect	존경하다		

2 The mechanic will inspect the used car. 정비공이 그 중고차를 점검할 것이다.

inspect	점검하다		

3 The police suspect that he might be hiding something from them.

경찰은 그가 그들로부터 무언가를 숨기고 있을 것으로 의심한다.

suspect	의심하다		

4 He was a man with great poetic sensibility. 그는 대단한 시적 감수성을 가지고 있는 사람이었다.

sensibility	감수성		

5 She resented the fact that he lied to her. 그녀는 그가 자신에게 거짓말을 했다는 사실에 분개했다.

resent	분개하다		

6 The parents gave their consent to medical treatments for their child.

그 부모는 아이를 위한 의학적 치료에 동의했다.

consent	동의

7 I lost contact with my childhood friends. 나는 어린 시절 친구들과 연락이 끊겼다.

contact	연락

8 Blind students use their tactile senses to read.

시각장애 학생들은 그들의 촉각을 이용하여 글을 읽는다.

tactile	촉각의

9 The historic building remained mostly intact. 그 역사적인 건물은 대체로 온전하게 남았다.

intact	온전한

Word Box

mechanic 정비공   used 중고의, 사용된   poetic 시의, 시적인   give one's consent to ~에 동의하다
medical treatment (의학적) 치료, 진료   lose contact with ~와 연락이 끊기다

Unit 03 감정·생각 표현의 어근 path, cred, fid, terr

path feel, suffer 느끼다, 고통받다

① empathy[émpəθi] em 안에 + path 느끼다 + y 명사 접미사 = 마음 안에 느끼는 감정 → **공감**

명 감정 이입, 공감 empathy **for/with** ~에 대한 공감

Plus sympathy가 다른 사람의 좋지 않은 상황을 동정하고 안타깝게 여기는 것이라면, empathy는 그 사람의 입장에서 공감하고 고통을 함께하는 느낌에 가까워요.

② pathetic[pəθétik] path 고통받다 + (e)tic 형용사 접미사 = 괴로워하는 → **가슴 아픈**

형 ① 한심한, 형편없는 sound pathetic 한심하게 들리다
　 ② 불쌍한, 애처로운 a pathetic scene 안쓰러운 장면

cred believe 믿다

① credit[krédit] cred 믿다 + it 명사 접미사 = 믿다 → **신용**

(*it은 어근의 의미를 바꾸지 않는 접미사로 현대에 와서 붙은 게 아니라 변형되면서부터 있던 형태로 추정)

명 신용, 명성, 신용 거래, 학점 a credit card 신용카드
　　　　　　　　　　　　　　enough credits to graduate 졸업할 만한 학점

② incredible[inkrédəbl] in 부정 + cred 믿다 + ible 형용사 접미사 = **믿을 수 없는**

형 믿을 수 없는, 믿기 힘든, 놀라운 an incredible story 믿기 힘든[놀라운] 이야기

fid trust 믿다

① faith[feiθ] faith 라틴어 fides(믿음)에서 유래

명 믿음, 신앙, 신념 have faith in ~에(게) 믿음이 있다

② confident[kánfədənt] con 강조 + fid 믿다 + ent 형용사 접미사 = 믿는 → **자신 있는**

형 자신감 있는, 확신하는 confident about/of ~에 대해 확신하는

phobia(공포증) 이야기

감정을 나타내는 여러 가지 어근에 대해 배웠어요. 자주 쓰이는 표현 한 가지를 더 소개할게요. 단어 뒤에 붙어서 '~에 대한 공포증'이라는 뜻으로 쓰이는 phobia예요.

- 높은 곳에 올라가는 것을 무서워하는 **고소 공포증**은
  acro 꼭대기, 끝 + **phobia** = acrophobia
- 공공장소나 사람들이 많은 공간에 나가는 것을 두려워하는 **광장 공포증**은
  agora 광장 + **phobia** = agoraphobia
- 비행기 타는 것을 무서워하는 **비행 공포증**은
  aero 항공기의 + **phobia** = aerophobia

단어들은 조금 어렵지만 어떻게 단어가 만들어지는지 잘 보여주는
예이므로 기억해 주세요.

terr frighten 두려워하게 하다

1 **terror**[térər] terr 두려워하게 하다 + or 명사 접미사 = 두렵게 하는 것 → **공포**

　명 ① 두려움, 공포 **in terror** 공포 속에서

　　　② 테러 **a war on** terror 테러와의 전쟁

---

2 **terrible**[térəbl] terr 두려워하게 하다 + ible 형용사 접미사 = 두렵게 하는 → **끔찍한**

　형 ① 무서운, 끔찍한, 심한 **a terrible mess** 엄청난 난장판

　　　② (기분이나 몸이) 안 좋은 **feel terrible** 기분이 안 좋은

---

3 **terrify**[térəfài] terr 두려워하게 하다 + ify 동사 접미사 = **겁먹게 하다**

　동 (몹시) 무섭게 하다, 겁먹게 하다 **terrify small animals** 작은 동물들을 겁먹게 하다

Write the Words

1 I feel great empathy for what he's going through. 나는 그가 겪고 있는 상황에 크게 공감한다.

empathy	공감		

2 He offered a pathetic excuse for his behavior. 그는 자신의 행동에 대해 한심한 변명을 늘어놓았다.

pathetic	한심한		

3 She bought a new car on credit. 그녀는 외상으로[신용 대출로] 새 자동차를 샀다.

credit	신용		

4 It's incredible that they survived in the hurricane. 그들이 허리케인 속에서 살아남은 것은 놀라운 일이다.

incredible	놀라운		

5 It's important to have faith in yourself and your capabilities.

너 자신과 너의 가능성에 믿음을 가지는 것이 중요하다.

faith	믿음		

6 I am quite confident about my decision. 나는 나의 결정에 대해 꽤 확신을 가지고 있다.

confident	확신하는		

7 They used to live in terror during the war. 그들은 전쟁 동안 공포 속에서 살았다.

terror	공포		

8 We apologized for making a terrible mess in the kitchen.

우리는 부엌을 엉망진창으로 만든 것에 대해 사과했다.

terrible	끔찍한		

9 Watching a horror movie at night terrifies me. 밤에 공포 영화를 보는 것은 정말 무섭다.

terrify	무섭게 하다		

Word Box

go through 겪다, 경험하다   excuse 변명, 핑계   on credit 외상으로, 신용 대출로   capability 능력, 가능성
mess 난장판, 혼란, 엉망진창

VOC voice, call 목소리, 부르다

1 **vocal** [vóukəl] voc 목소리 + al 형용사 접미사 = 목소리의

> 형 ① 목소리의, 음성의 the vocal organs 발성 기관
>
> ② 강경하게 밝히는, 소리 높여 항의하는 vocal in one's criticism ~의 비판에 목소리를 높이는
>
> 명 노래, 보컬 vocal training 보컬 훈련

2 **vocabulary** [voukǽbjulèri] vocabulary 라틴어 vocabulum(단어, 이름)에서 유래 → 단어

> 명 어휘 a large vocabulary 풍부한 어휘

3 **advocate** [ǽdvəkət, ǽdvəkèit]

ad ~으로 + voc 부르다 + ate 동사 접미사 = 불러서 도움을 청하다 → 옹호하다

> 명 옹호자, 변호사 an advocate for ~의 옹호자   **Plus** 유의어: lawyer 명 변호사
>
> 동 옹호하다 advocate for environmental conservation 환경 보존을 옹호하다

test witness 증언하다, 주장하다

1 **testify** [téstəfài] test 증인, 증언하다 + (i)fy 동사 접미사 = 증언하다

> 동 증언하다 testify against ~에게 불리한 증언을 하다

2 **protest** [prətést, próutest] pro 앞으로 + test 주장하다 = 앞서서 주장하다 → 항의하다

> 동 항의하다, 이의를 제기하다 protest against a war 전쟁에 항의하다
>
> 명 항의, 반대 운동, 시위 a peaceful protest 평화로운 시위

3 **contest** [kántest, kəntést] con 함께 + test 증언하다 = 양쪽 증인을 모으다 → 다투다

> 명 경연, 경쟁 enter a shooting contest 사격 대회에 참가하다
>
> 동 경쟁하다, 다투다 contest ownership 소유권을 다투다

법정 용어들

앞에서 배운 단어 외에도 법정에서 쓰이는 다른 표현들도 살펴볼까요?

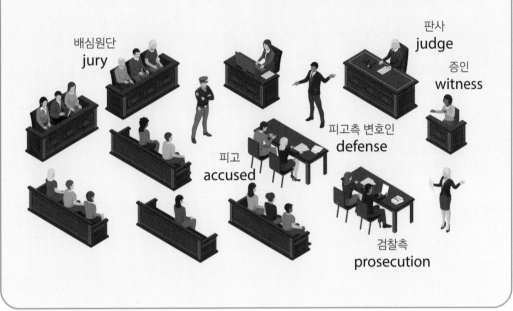

판사
judge

증인
witness

배심원단
jury

피고측 변호인
defense

피고
accused

검찰측
prosecution

---

mand/mend order 명령하다, entrust 맡기다

1 **command** [kəmǽnd]　com 함께, 같이 + mand 명령하다 = **명령하다**

　동 명령하다, 지시하다　**command** A **to** B A에게 B 하도록 명령하다

　명 명령, 지휘　**obey a** command 명령에 복종하다

---

2 **demand** [dimǽnd]　de 아래로 + mand 맡기다 = ~하도록 맡기다 → **요구하다**

　동 요구하다　**demand an explanation** 설명을 요구하다

　명 요구, 수요　**the** demand **for** ~에 대한 요구[수요]

---

3 **recommend** [rèkəménd]

　re 다시 + com 함께 + mend 명령하다 = 함께 ~하도록 명령하다 → **권하다**

　동 권하다, 추천하다　**strongly** recommend 강하게 권하다

1 She is taking vocal lessons to improve her singing skills.

그녀는 노래를 잘 부르기 위해 발성 수업을 받고 있다.

vocal	발성		

2 Reading books is a great way to expand your vocabulary.

책을 읽는 것은 너의 어휘를 늘리기에 훌륭한 방법이다.

vocabulary	어휘		

3 He wants to be an animal rights advocate. 그는 동물들의 권리 보호를 위한 변호사가 되기를 원한다.

advocate	변호사		

4 They testified against the accused in the court trial. 그들은 재판에서 피고인에게 불리한 증언을 했다.

testify	증언하다		

5 We held a peaceful protest march against the war. 우리는 전쟁에 반대하는 평화로운 항의 행진을 했다.

protest	항의		

6 She won first place in the debate contest. 그녀는 토론 대회에서 일등을 했다.

contest	경연

7 The captain commanded his crews to prepare for departure.

선장은 선원들에게 출발 준비를 하라고 명령했다.

command	명령하다

8 The customers demanded a refund for the product. 소비자들은 그 상품의 환불을 요구했다.

demand	요구하다

9 I highly recommend this book to you. 나는 이 책을 너에게 강력히 추천한다.

recommend	추천하다

Word Box

expand 확대하다, 넓히다   accused 피고인, 피의자   court trial 재판   protest march 항의 행진   first place 1위, 선두
crew 승무원, 동료   refund 환불, 반환

Check Your Words

중심 어근의 뜻을 생각하며 빈칸에 단어의 뜻을 써 보세요.

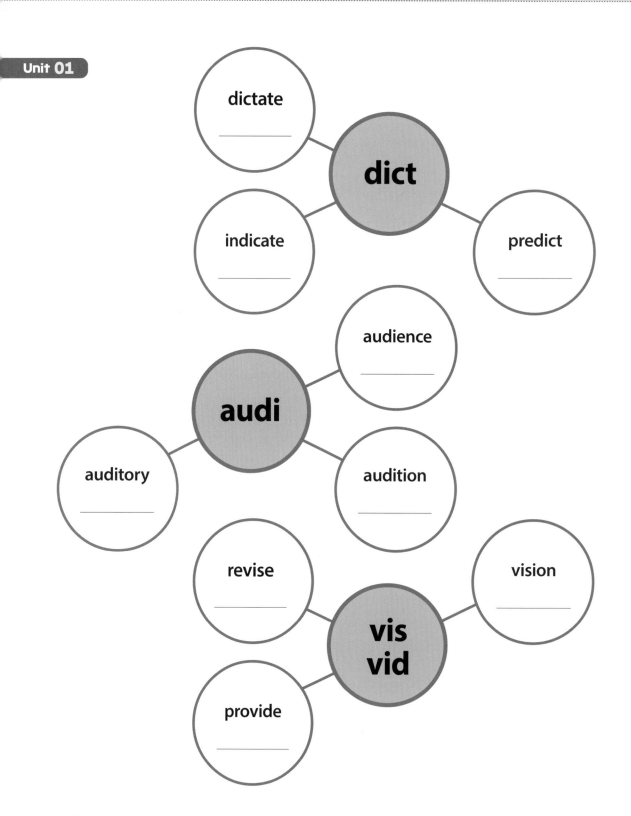

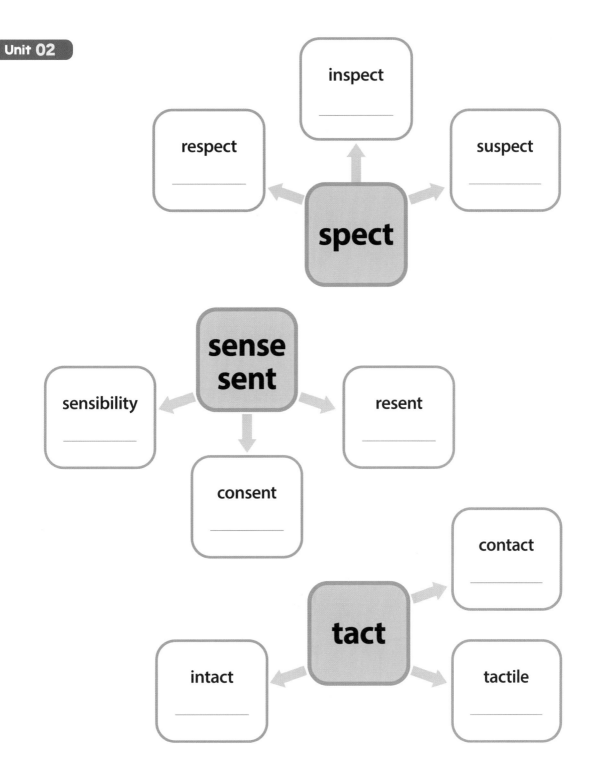

Check Your Words

중심 어근의 뜻을 생각하며 빈칸에 단어의 뜻을 써 보세요.

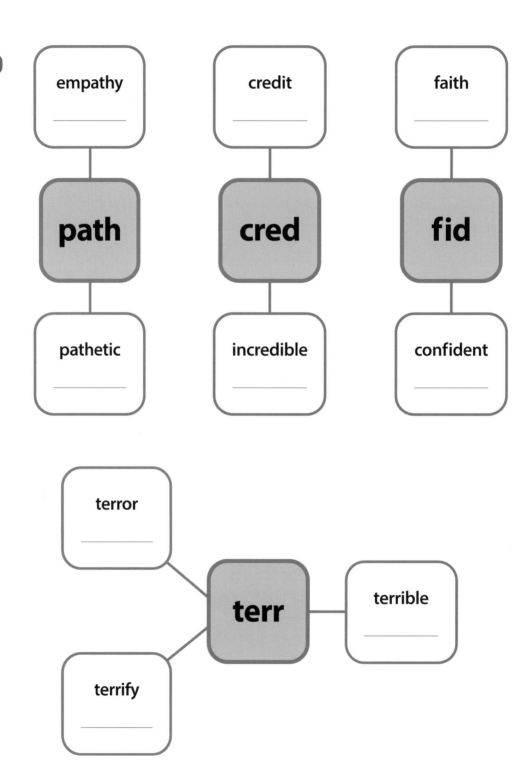

empathy
_____

path

pathetic
_____

credit
_____

cred

incredible
_____

faith
_____

fid

confident
_____

terror
_____

terr

terrible
_____

terrify
_____

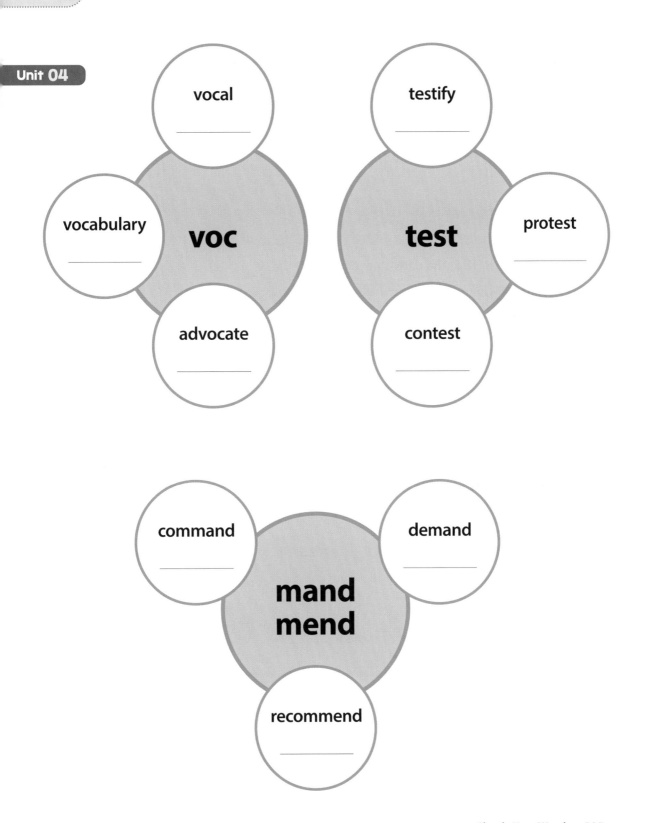

vocal

vocabulary

voc

advocate

testify

protest

test

contest

command

demand

mand
mend

recommend

Unit 05 만들고 짓는 의미의 어근
fact/fect, form, struct/stroy

MP3-077

fact/fect make 만들다

❶ factor [fǽktər] fact 만들다 + or 명사 접미사 = ~하도록 만드는 것 → 요인

- 명 요인, 요소 **a key factor** 핵심 요소
- **economic factors** 경제적인 요인들

❷ manufacture [mæ̀njufǽktʃər]

manu 손 + fact 만들다 + ure 명사 접미사 = 손으로 만드는 것 → 제조(하다)

- 명 제조, 생산, 상품 **the date of manufacture** 제조 일자
- 동 제조하다, 생산하다 **be manufactured by** ~에 의해 만들어지다

❸ effect [ifékt] ef 밖으로 + fect 만들다 = 밖으로 만들어져 나온 것 → 효과

- 명 효과, 영향, 결과 **the harmful effects of** ~의 해로운 영향[폐해]
- **side effects** 부작용

form shape 형태, 구성하다

❶ inform [infɔ́ːrm] in 안으로 + form 구성하다 = 마음 속에 구성하다 → ~을 알리다

- 동 알리다, 통지하다 **inform A of B** A에게 B를 알리다

❷ reform [rifɔ́ːrm] re 다시 + form 구성하다 = 다시 구성하다 → 개선하다

- 동 개선하다, 개혁하다 **reform a system** 제도를 개혁하다
- 명 개선, 개혁 **a major reform** 주요 개혁

❸ uniform [júːnəfɔ̀ːrm] uni 하나 + form 형태 = 단일한 형태

- 명 제복, 교복, 유니폼 **a school uniform** 교복
- 형 획일적인, 균일한 **uniform in size** 크기가 균일한

손을 뜻하는 manu와 발을 뜻하는 ped

manufacture에서 manu는 '손'을 뜻하고 '만들다'라는 뜻의 fact와 만나서 '제조하다'가 되었죠.
이때 손을 뜻했던 manu를 통해 단어를 더 배워 볼까요?

- **manu** 손 + **al** ~의 = **manual** 손의 → **수동의, 설명서**
- **manu** 손 + **script** 쓰다 = **manuscript** 손으로 쓴 것 → **원고, 필사본**

'발'을 뜻하는 어근 ped가 들어간 단어도 배워 보아요.

- **ped** 발 + **al** ~의 = **pedal** 발의 → 발로 밟는 것 → **페달**
- **ped(estr)** 발 + **ian** 사람 = **pedestrian** 발로 걷는 사람 → **보행자**

손톱을 손질하는 것을 '매니큐어(manicure)', 발톱을 관리하는 것을 '페디큐어(pedicure)'라고 하
는 이유를 알겠죠?

struct/stroy build 짓다

1 **instruct** [instrʌ́kt] in 위에, ~을 향해 + struct 짓다 = 위로 지어 올리다 → **교육하다**

(동) ① 가르치다, 교육하다 instruct *A* in *B* *A*에게 *B*를 가르치다

② 지시하다 **as instructed** 지시대로

---

2 **structure** [strʌ́ktʃər] struct 짓다 + ure 명사 접미사 = 지어진 것 → **구조물**

(명) 구조물, 건축물, 구조, 조직 the **structure** of the brain 뇌의 구조

(동) 구성하다, 조직하다 **structure** the project 프로젝트를 구성하다

---

3 **destroy** [distrɔ́i] de 부정 + stroy 짓다 = '짓다'의 반대 의미 → **무너뜨리다**

(동) 파괴하다, 죽이다 be **destroy**ed by ~에 의해 파괴되다

1 The teacher considered all factors before grading the students' essays.

선생님은 학생들의 작문을 채점하기 전에 모든 요소를 고려했다.

factor	요소		

2 The car is manufactured by a Korean automobile company.

그 자동차는 한국 자동차 회사에서 생산된 것이다.

manufacture	생산하다		

3 The scientists are studying the effects of fine dust. 과학자들은 미세먼지의 영향에 대해 연구하고 있다.

effect	영향		

4 I was informed that my application had been accepted. 나는 지원서가 통과되었다는 통지를 받았다.

inform	알리다		

5 The government announced a major tax reform. 정부는 주요한 세제 개혁을 발표했다.

reform	개혁		

6 Some employees hate to wear uniforms. 어떤 직원들은 유니폼 입는 것을 싫어한다.

uniform	제복		

7 The coach will instruct the players on the new strategy.
코치는 선수들에게 새로운 전략에 관해 지시할 것이다.

instruct	지시하다		

8 The structure of the brain is incredibly complex. 뇌의 구조는 엄청나게 복잡하다.

structure	구조		

9 The forest was completely destroyed by the fire. 숲은 산불로 완전히 파괴되었다.

destroy	파괴하다		

Word Box

grade ~을 채점하다   fine dust 미세먼지   application 지원, 응시원서   announce ~을 공시[발표]하다   major 주요한, 큰
strategy 전략, 계획   complex 복잡한, 복합의

부수는 의미의 어근 frac/frag, rupt, sect/seg

frac/frag break 부수다

1 **fraction** [frǽkʃən]　frac 부수다 + tion 명사 접미사 = 부서진 것 → **부분, 분수**

명 ① 부분, 일부　at a fraction **of the cost** 적은 비용으로(원가의 일부로)

② 분수　add and subtract fractions 분수를 더하고 빼다

2 **fragile** [frǽdʒəl]　frag 부수다 + ile 형용사 접미사 = **부서지기 쉬운**

형 ① 부서지기 쉬운, 깨지기 쉬운　fragile **glass** 깨지기 쉬운 유리

② 취약한, 허약한, 상처받기 쉬운　fragile **health** 허약한 건강 상태

3 **fragment** [frǽgmənt]　frag 부수다 + ment 명사 접미사 = 부서진 부분 → **파편**

명 파편, 조각　fragments **of broken glass** 부서진 유리 파편들

rupt break 부수다

1 **bankrupt** [bǽŋkrʌpt]

bank (이탈리아어에서 유래) 작업대 + rupt 부수다 = 작업대를 부수다 → **파산한**

형 파산한　go bankrupt 파산하다

동 파산시키다　be bankrupted **by** ~에 의해 파산하다

2 **corrupt** [kərʌ́pt]　cor (com(thoroughly 완전히)의 강조) + rupt 부수다 = 완전히 무너진 → **부패한**

동 부패시키다, 타락시키다　corrupted **by greed** 욕심으로 부패한

형 부패한, 부정한　a corrupt **society** 부패한 사회

3 **interrupt** [ìntərʌ́pt]　inter 사이에 + rupt 부수다 = 사이를 부수고 들어가다 → **방해하다**

동 방해하다　interrupt **conversation** 대화를 방해하다

분수(fraction)를 영어로 읽기

영어로 분수를 읽을 때는 분자를 먼저 읽고, 분모는 서수로 읽어 주면 돼요. 그리고 분자가 2 이상일 때엔 분모에 s를 붙여 줍니다.

numerator
분자

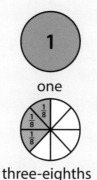

$$7\frac{1}{3}$$

whole
number
정수

denominator
분모

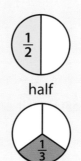

one   half   quarter

three-eighths   one-third   two-fifths

sect/seg cut 자르다

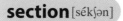

① **section** [sékʃən]　sect 자르다 + ion 명사 접미사 = **잘린 것, 부분**

　명　(여러 개로 나뉜 것의 한) 부분, 구획　**library** section 도서관 구역

---

② **sector** [séktər]　sect 자르다 + or 명사 접미사 = **잘린 것**

　명　(나라, 경제, 사업 등의) 부문, 분야　**the energy** sector 에너지 분야

　　Plus section은 주로 '물리적, 공간적' 부분을, sector는 경제나 사회 분야 등 '추상적인' 부분을 의미해요.

---

③ **segment** [ségmənt]　seg 자르다 + ment 명사 접미사 = **잘린 것**

　명　부분 · 구획, (귤, 오렌지의) 한 조각　**segment**s **of DNA** DNA 조각

1 I found a high-quality laptop at a fraction of the cost.

나는 적은 비용으로 고성능 노트북을 발견했다.

fraction	일부		

2 Be careful with that box; it is marked as fragile. 그 상자 조심하세요. 깨지기 쉽다고 적혀 있어요.

fragile	깨지기 쉬운		

3 He swept away the fragments of broken glass. 그는 부서진 유리 파편들을 치웠다.

fragment	파편		

4 She lost her job when the firm went bankrupt. 그녀는 회사가 파산했을 때 실직했다.

bankrupt	파산한		

5 They discovered that some police officers were corrupt.

그들은 몇몇 경찰이 부패했다는 것을 밝혀냈다.

corrupt	부패한		

6 I'm sorry to interrupt, but I have a quick question. 방해해서 죄송하지만 잠깐 질문이 있어요.

interrupt	방해하다		

7 He was reading the sports section of the newspaper. 그는 신문의 스포츠란을 읽고 있었다.

section	부분		

8 Service sector jobs are an important part of the economy.

서비스 부문 일자리는 경제의 중요한 부분이다.

sector	부문		

9 We decorated the cake with orange segments. 우리는 오렌지 조각으로 케이크를 장식했다.

segment	조각		

Word Box

mark 표시하다   sweep away 쓸어서 치우다   decorate 장식하다, 꾸미다

Unit 07 보내거나 던지는 의미의 어근 ject, mit, port

ject throw 던지다

1 project [prάdʒekt, prɔdʒékt] pro 앞으로 + ject 던지다 = 앞으로 던져서 내놓다 → 계획(하다)

명 프로젝트, 계획, 과제 **a science** project 과학 프로젝트, 과학 과목 과제

동 예상하다, 계획하다, 투영하다 project **a big plan** 대규모 계획을 기획하다

2 reject [ridʒékt] re 뒤로 + ject 던지다 = (받아들이지 않고) 뒤로 던지다 → 거절하다

동 거절하다, 거부하다 **totally** reject 완전히 거부하다

3 inject [indʒékt] in 안으로 + ject 던지다 = 안으로 던지다 → 주입하다

동 ① (액체를) 주입하다, 주사하다 **be** injected **into** ~에 주입되다

② (특성을) 더하다, (자금을) 투입하다 inject **more money** 추가 자금을 투입하다

mit send 보내다

1 admit [ædmít] ad ~에 + mit 보내다 = 안으로 들여보내다 → 받아들이다

동 ① 인정하다, 시인하다 admit **my mistake** 나의 실수를 인정하다

② (입학·입장을) 허가하다 **be** admitted **to the hospital** 병원에 입원하다

2 permit [pərmít, pə́rmit] per ~을 통해서 + mit 보내다 = 통과시켜 보내다 → 허가하다

동 허용하다, 허락하다 **be** permitted **to do** ~하는 것이 허용되다

명 허가증 **a work** permit 취업 허가증

3 commit [kəmít] com 함께 + mit 보내다 = 함께 보내다 → 보내다, 저지르다

동 ① (범죄 등을) 저지르다 commit **crimes** 범죄를 저지르다

② 약속하다, 헌신하다 **be** committed **to do** ~하기로 엄숙히 약속하다

214 Chapter 3

Memory Booster!

수입과 수출

'옮기다(carry)'를 뜻하는 어근 port와 앞에서 배운 접두사들을 활용하여 여러분의 어휘력을 높여 볼까요?

- im(안으로, 안에)과 합치면 '안으로 옮긴다'는 뜻으로 **import** 수입하다
- ex(밖으로, 밖에)와 합치면 '밖으로 옮기다'는 뜻의 **export** 수출하다
- re(다시)와 합치면 '다시 옮기다'라는 뜻에서 변형되어 **report** 전하다, 보고하다
- trans(이전하여)와 합치면 '이전하여 옮기다'라는 뜻의 **transport** 수송하다, 운송하다

port carry 옮기다

1 **report**[ripɔ́ːrt] re 다시 + port 옮기다 = (말로) 다시 옮기다 → **보고하다**

(동) 보고하다, 발표하다   report on ~에 대해 발표하다

(명) 보고(서), 보도   submit a report 보고서를 제출하다

2 **portable**[pɔ́ːrtəbl] port 옮기다 + able ~할 수 있는 = 옮길 수 있는 → **휴대용의**

(형) 가지고 다닐 수 있는, 휴대용의   a portable charger 휴대용 충전기

3 **important**[impɔ́ːrtənt] im 안으로 + port 옮기다 + ant 형용사 접미사 = 안으로 옮기는 → **중요한**

(형) 중요한, 영향력이 큰   an important announcement 중요한 발표

1 We worked on a history project together for our school assignment.

우리는 학교 과제로 역사 프로젝트를 함께 작업했다.

project	프로젝트		

2 His application was rejected several times. 그의 지원서는 여러 번 거절당했다.

reject	거절하다		

3 The doctor injected the flu vaccine. 의사는 독감 백신을 주사했다.

inject	주사하다		

4 I admitted to my friend that I had made a mistake. 나는 친구에게 내가 실수했다는 것을 인정했다.

admit	인정하다		

5 We were not permitted to take photos in the exhibit.

우리는 그 전시회에서 사진 촬영을 허락받지 못했다.

permit	허용하다		

6 We wondered who committed a crime in the movie.

우리는 그 영화에서 누가 범죄를 저질렀는지 궁금했다.

commit	(범죄 등을) 저지르다		

7 The police reported new information about the missing person.

경찰은 실종자에 대한 새로운 정보를 발표했다.

report	발표하다		

8 It's very convenient to carry a portable charger. 휴대용 충전기를 가지고 다니는 것은 매우 편리하다.

portable	휴대용의		

9 Nothing is more important than health and happiness. 건강과 행복보다 중요한 것은 없다.

important	중요한		

Word Box

exhibit 전시회, 전람회   missing person 실종자, 행방불명인 사람   convenient 편리한

Unit 08 받거나 잡는 의미의 어근 tain, capt/cept, tract

MP3-083

tain hold 잡다, 유지하다

1 contain[kəntéin] con(=com) 함께 + tain 잡다 = 함께 잡다 → 함께 가지다 → ~이 들어있다

(동) ~이 들어있다, 함유되어 있다   contain sugar 당분이 함유되어 있다

2 entertain[èntərtéin]

enter(=inter) 사이에 + tain 잡다 = (사람들) 사이에서 (관심을) 잡다 → 즐겁게 하다

(동) 즐겁게 하다, (손님을) 접대하다   entertain clients 고객들을 접대하다

Plus entertainment (명) (영화, 공연 등의) 오락, 연예, 대접

3 maintain[meintéin] main(=manu) 손 + tain 잡다 = 손으로 잡다 → 유지하다

(동) ① (동일한 수준을) 유지하다, 지키다   maintain a healthy weight 건강한 몸무게를 유지하다

② (보수 관리하며) 유지하다   difficult to maintain 유지하기 힘든

capt/cept take, grasp 잡다, 취하다

1 capture[kǽptʃər] capt 잡다 + ure 명사 접미사 = 잡기, 포획

(명) 생포, 포획, (컴퓨터에서) 저장, 캡처   the capture of the criminal 범죄자 생포

(동) 붙잡다, (컴퓨터 화면 등을) 저장하다, 캡처하다   be captured in the nets 그물에 잡히다

2 accept[æksépt] ac(=ad) ~로 + cept 취하다 = 받아들이다

(동) ① 받아들이다   accept an invitation 초대에 응하다

② 인정하다   accept the fact that ~라는 사실을 인정하다

3 except[iksépt] ex 밖으로 + cept 취하다 = 빼놓다 → ~을 제외하고

(전) ~을 제외하고, ~ 이외에는   except Mondays 월요일을 제외하고

(접) ~라는 것 외에는   except when ~할 때만 빼고

attract는 어떤 것을 끌어당길까요?

attract는 보통 이성의 관심을 끌거나 어떤 일이 사람들의 관심을 끄는 것을 뜻하지만 그 외에도 많은 경우에 쓰여요. 남은 음식이 파리를 꼬이게 만들 때도 attract flies, 자석이 클립을 당길 때도 attract paper clips라고 쓰죠.

- **attract** customers 고객들(의 관심)을 끌다
- **attract** tourists 관광객들(의 관심)을 끌다
- **attract** audiences 관중들(의 관심)을 끌다
- **attract** attention 주의를 끌다

tract draw 끌다

1 **contract** [kántrækt, kəntrǽkt]

con(=com) 함께 + tract 끌다 = 함께 (의견을) 끌어모으다 → **계약하다**

명 계약(서) **sign a contract** 계약(서)에 서명하다

동 계약하다 **contract with a company** 회사와 계약하다

---

2 **attract** [ətrǽkt] at(=ad) ~로 + tract 끌다 = ~쪽으로 끌다 → **(주의를) 끌다**

동 (마음·주의·흥미를) 끌다 **attract attention** 주의를 끌다

---

3 **distract** [distrǽkt] dis 떨어져서 + tract 끌다 = 다른 방향으로 주의를 끌다 → **산만하게 하다**

동 산만하게 하다, 주의를 다른 곳으로 돌리다 **distract attention** 주의를 돌리다

1 The box contains a surprise for her birthday. 상자에는 그녀의 생일을 위한 깜짝 선물이 들어있다.

contain	~이 들어있다		

2 The movie entertained me with its humorous characters.

그 영화는 익살스러운 등장인물들로 나를 즐겁게 했다.

entertain	즐겁게 하다		

3 It's difficult to maintain high standards in your work. 너의 일에 높은 기준을 유지하는 것은 어려운 일이다.

maintain	유지하다		

4 The fugitive was captured by the police. 탈주범이 경찰에게 잡혔다.

capture	붙잡다		

5 She is always ready to accept a challenge. 그녀는 항상 도전을 받아들일 준비가 되어 있다.

accept	받아들이다		

6 The store is open every day except Sundays. 그 상점은 일요일을 제외하고 매일 문을 연다.

except	~을 제외하고

7 He signed a three-year contract worth $1 million. 그는 백만 달러짜리 3년 계약에 서명했다.

contract	계약

8 Youtubers are trying to attract a wide audience to their channels.

유튜버들은 자신의 채널에 많은 시청자들을 끌어모으기 위해 노력하고 있다.

attract	끌다

9 My friend kept distracting me with funny gestures. 내 친구는 웃긴 몸짓으로 나를 계속 방해했다.

distract	산만하게 하다

Word Box

surprise 뜻밖의 선물[잔치] fugitive 도망자, 탈주자 gesture 몸짓, 손짓, 제스처

Check Your Words

중심 어근의 뜻을 생각하며 빈칸에 단어의 뜻을 써 보세요.

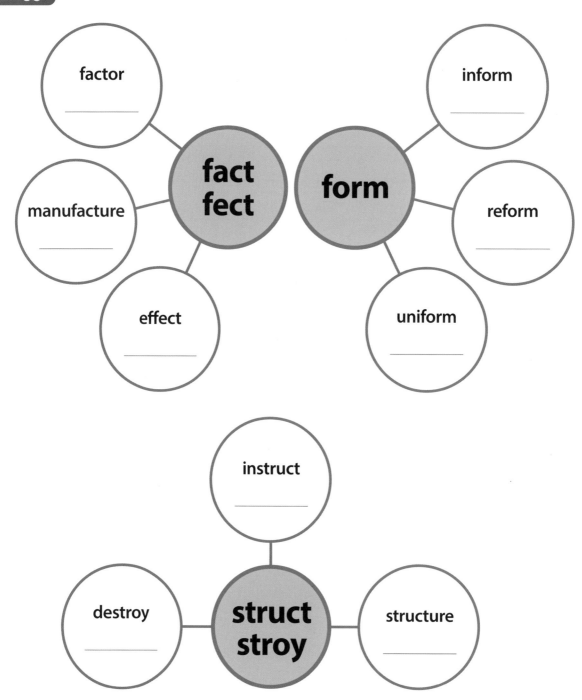

factor
_____

manufacture
_____

**fact
fect**

effect
_____

form

inform
_____

reform
_____

uniform
_____

instruct
_____

destroy
_____

**struct
stroy**

structure
_____

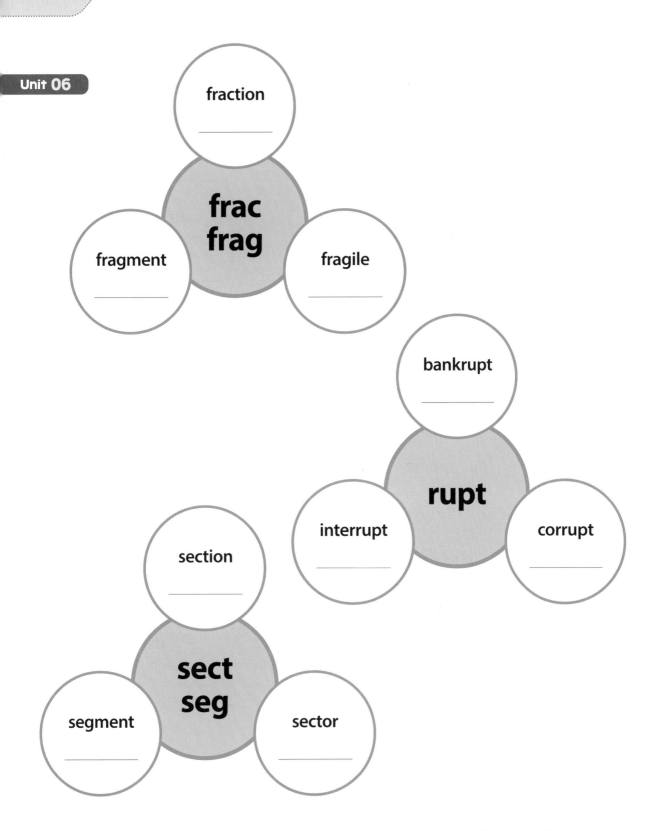

fraction
_____

frac
frag

fragment
_____

fragile
_____

bankrupt
_____

rupt

interrupt
_____

corrupt
_____

section
_____

sect
seg

segment
_____

sector
_____

Check Your Words

중심 어근의 뜻을 생각하며 빈칸에 단어의 뜻을 써 보세요.

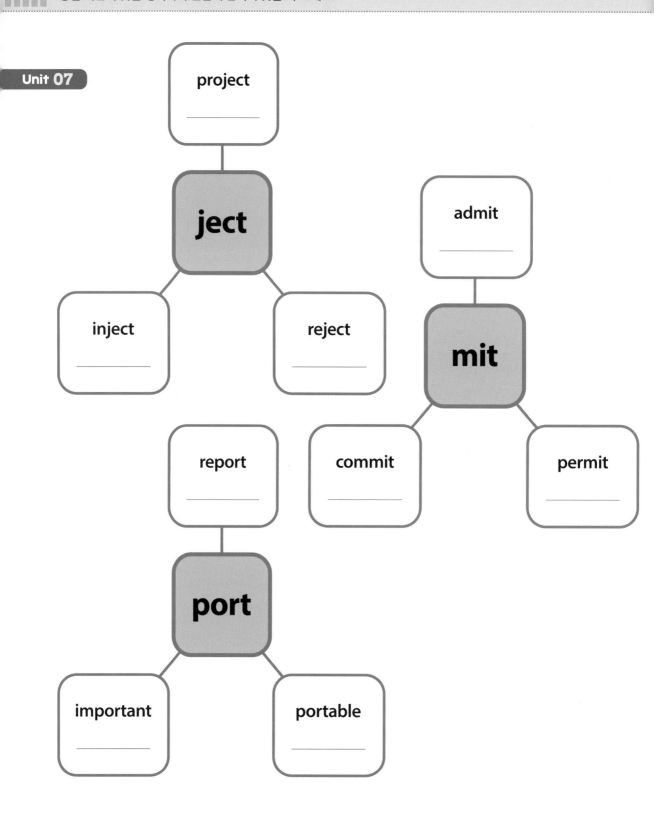

project
_____

ject

inject
_____

reject
_____

admit
_____

mit

commit
_____

permit
_____

report
_____

port

important
_____

portable
_____

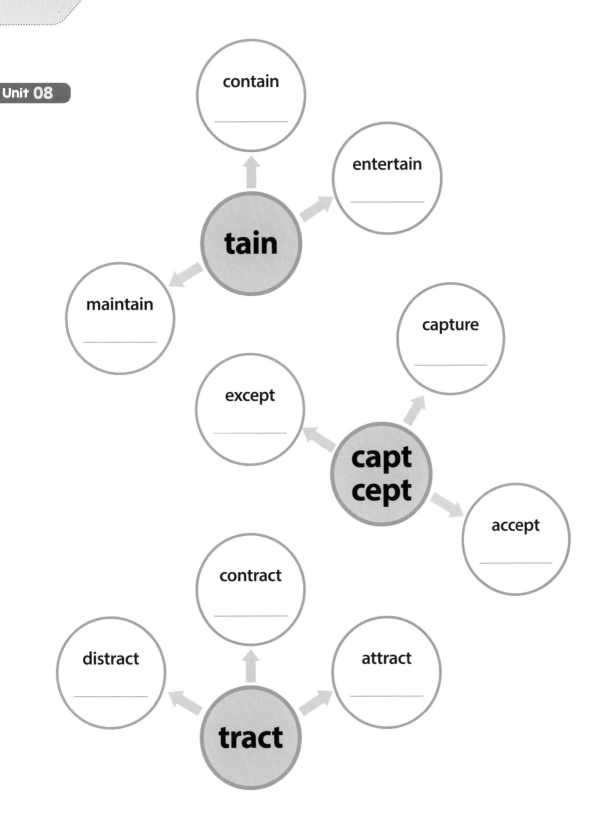

contain

_____

entertain

_____

tain

maintain

_____

capture

_____

except

_____

capt
cept

accept

_____

contract

_____

distract

_____

attract

_____

tract

Unit 09 움직임·행동 표현의 어근
① mot, migr, cli/clin

mot move 움직이다

1 motion [móuʃən]   mot 움직이다 + ion 명사 접미사 = 움직이는 것 → 동작

명 동작, 움직임, 운동   Newton's first law of motion 뉴턴의 운동의 제1법칙

in motion 움직이고 있는, 운전 중인

2 motivate [móutəvèit]   mot(ive) 움직이다 + ate 동사 접미사 = 움직이게 하다 → 동기를 부여하다

동 동기를 부여하다   motivate children to learn 아이들이 배우도록 동기를 부여하다

3 emotion [imóuʃən]

e(=ex) 밖으로 + mot 움직이다 + ion 명사 접미사 = 밖으로 움직여 나타나는 것 → 감정

명 감정   full of emotion 감정이 풍부한

express an emotion 감정을 표현하다

4 remote [rimóut]   re 뒤에 + mot(e) 움직이다 = 뒤에 멀리 움직인 → 동떨어진

형 외진, 동떨어진   a remote island 외딴섬

migr move 움직이다

1 immigrate [íməgrèit]

im 안으로 + migr 움직이다 + ate 동사 접미사 = 안으로 움직이다 → 이주해 오다

동 이민 오다, 이주해 오다   immigrate to the United States 미국으로 이주[이민]하다

2 migrate [máigreit]   migr 움직이다 + ate 동사 접미사 = 이동하다

동 이주하다, (동물, 새 등이 계절에 따라) 이동하다

migrate from North to South 북쪽에서 남쪽으로 이동하다

누가 왜 migrate 할까요?

migrate은 기본적으로 '이동하다'라는 뜻이지만 목적 없이 왔다 갔다 하는 것과는 달라요.

- 음식과 물을 찾아 동물들이 이동할 때
  Elephants **migrate** in search of food and water.
  코끼리는 먹이와 물을 찾아 이동한다.
- 따뜻한 곳을 찾아 철새들이 이동할 때
  Swallows **migrate** south. 제비는 남쪽으로 이동한다.
- 다양한 이유로 사람들이 이주, 이민할 때
  migrate from rural to urban areas 농촌에서 도시로 이동하다
- 감염된 세포가 다른 장기로 옮아갈 때
  infected cells **migrate** to ~ 감염된 세포가 ~로 이동하다

cli/clin lean 기대다, bend 구부리다

1 **client**[kláiənt]　cli 기대다 + ent 명사 접미사(~하는 사람) = 기대는 사람 → **고객**

명 의뢰인, 고객　**deal with a client** 고객과 거래하다

2 **incline**[inkláin, ínklàin]　in ~을 향해 + clin(e) 구부리다 = ~을 향해 굽다 → **마음이 기울다**

동 (마음이나 몸 등이) ~쪽으로 기울다　**incline my body forward** 내 몸을 앞으로 숙이다

명 경사(면)　**a steep incline** 가파른 경사면

3 **decline**[dikláin]　de 아래로, 멀리 + clin(e) 구부리다 = 아래로 구부리다 → 기울다 → **감소하다**

동 ① 줄어들다, 감소하다　**the quality of the product declined** 제품의 품질이 나빠졌다

　Plus 유의어: decrease 동 (수, 크기, 양 등이) 줄다, 줄이다

② 거절하다　**decline an invitation** 초대를 거절하다

명 감소, 하락　**a rapid decline** 빠른 감소

1 She made a slight motion with her head. 그녀는 머리를 살짝 움직였다.

motion	움직임		

2 He motivated his students to do their best. 그는 학생들이 최선을 다하도록 동기를 부여했다.

motivate	동기를 부여하다		

3 Some people have difficulties expressing their emotions.

어떤 사람들은 자신의 감정을 표현하는 것을 어려워한다.

emotion	감정		

4 She had been isolated on a remote island. 그녀는 외딴섬에 고립되어 있었다

remote	동떨어진		

5 His family immigrated to the U.S. when he was four.

그의 가족은 그가 네 살이었을 때 미국으로 이민을 왔다.

immigrate	이민 오다		

6 How do animals find their way when migrating? 동물들은 이동할 때 어떻게 길을 찾을까요?

migrate	이동하다		

7 He is working hard to impress an important client.

그는 중요한 고객을 감동시키기 위해 열심히 일하고 있다.

client	고객		

8 The steep incline of the roller coaster was the highlight of the ride.

롤러코스터의 가파른 경사 부분은 놀이기구의 하이라이트이다.

incline	경사		

9 The company began to decline in profits. 그 회사는 이익이 감소하기 시작했다.

decline	감소하다		

Word Box

slight 약간의 isolate 고립시키다, 격리하다 impress 감명을 주다, 감동시키다 ride (놀이동산의) 놀이 기구
profit 이익, 수익

ceed go 가다

1 **succeed** [səksíːd] suc(= sub) 아래 + ceed 가다= 아래에서 가다 → 따라가다 → **계승하다**

동 ① 성공하다 succeed in ~ing ~하는 데 성공하다

② 뒤를 잇다, 계승하다 succeed to the throne 왕위를 계승하다

2 **proceed** [prəsíːd] pro 앞으로 + ceed 가다 = 앞으로 가다 → **진행하다**

동 진행하다[되다], 계속해서 ~하다, 나아가다 before proceeding further 더 진행되기 전에

Plus 'precede 동 ~에 선행하다, 앞서 가다'

접두사 pro(forward, 앞으로)와 pre(before, 전에)에 주의하면 두 단어를 혼동하지 않고 기억할 수 있어요.

3 **exceed** [iksíːd] ex 밖으로 + ceed 가다 = ~을 넘어가다 → **초과하다**

동 (수, 양, 한도 등을) 넘다, 초과하다 exceed $100 100달러를 넘다

exceed my ability 내 능력을 넘어서다

don give 주다

1 **donate** [dóuneit] don 주다 + ate 동사 접미사 = 주다 → **기부하다**

동 기부하다, 기증하다 donate A to B A를 B에게 기증하다

2 **donor** [dóunər] don 주다 + or 명사 접미사(~하는 사람) = 주는 사람 → **기부자**

명 ① 기부자 an anonymous donor 익명의 기부자

② (혈액, 장기 등의) 기증자 a blood donor 헌혈자

3 **pardon** [páːrdn] par(= per) 완전히 + don 주다 = **내주다**

명 용서 ask for one's pardon 용서를 구하다

동 용서하다 Pardon me? 뭐라고요?(상대방에게 다시 말해 달라고 부탁할 때), 미안해요.(가벼운 실수에)

기부와 기증의 표현

donate은 '기부하다, 기증하다'라는 뜻이죠. 입던 옷이나 쓰던 장난감부터, 혈액이나 장기에도 donate을 써서 표현해요.

- **donate** food 음식을 기증하다
- **donate** blood 혈액을 기증하다, 헌혈하다
- **donate** a kidney 신장을 기증하다
- **donate** an organ 장기를 기증하다
- **donate** money 돈을 기부하다

duc lead 이끌다

1 **conduct** [kəndʌ́kt] con(= com) 함께 + duc(t) 이끌다 = 함께 이끌다 → **수행하다, 지휘하다**

동 ① 수행하다, 실시하다 conduct **an interview** 인터뷰를 하다

② 지휘하다 conduct **an orchestra** 오케스트라를 지휘하다

Plus conductor 명 지휘자

2 **educate** [édʒukèit] e(= ex) 밖으로 + duc 이끌다 + ate 동사 접미사 = 밖으로 이끌다 → **가르치다**

동 교육하다, 가르치다 **be** educated **at** ~에서 교육받다

3 **reduce** [ridjúːs] re 뒤로 + duc(e) 이끌다 = 뒤로 이끌다 → 되돌리다 → **줄이다**

동 줄이다, 축소하다, (가격을) 낮추다 reduce **one's weight** 몸무게를 줄이다

be reduced **by 50%** 50% 줄다

Write the Words

다음 문장을 듣고, 표시된 단어와 그 뜻을 쓰며 암기해 보세요.

1 I hope you succeed in finding happiness. 나는 네가 행복을 찾는 데 성공하기를 바란다.

succeed	성공하다		

2 The meeting will proceed according to plan. 회의는 계획에 따라 진행될 것이다.

proceed	진행되다		

3 Working hours must not exceed 52 hours a week. 근로 시간은 주 52시간을 초과해서는 안 된다.

exceed	초과하다		

4 I donated $100 to a charity to assist sick children.

나는 아픈 어린이들을 돕기 위해 자선 단체에 100달러를 기부했다.

donate	기부하다		

5 They have found a suitable donor with a rare blood type.

그들은 희귀한 혈액형을 가진 적합한 기증자를 찾았다.

donor	기증자		

6 I beg your pardon; I thought it was mine. 죄송해요, 제 것인 줄 알았어요.

pardon	용서

7 She is conducting research to protect endangered species.

그녀는 멸종 위기종들을 보호하기 위한 연구를 하고 있다.

conduct	수행하다

8 We must educate people to become responsible citizens.

우리는 사람들이 책임 있는 시민이 되도록 교육해야 한다.

educate	교육하다

9 The city is making efforts to reduce air pollution. 그 도시는 대기 오염을 줄이기 위해 노력하고 있다.

reduce	줄이다

Word Box

according to ~에 따라   charity 자선 단체, 자선   assist 돕다   suitable 적합한   rare 드문, 희귀한
blood type 혈액형   beg 간청하다

MP3-089

tend/tense stretch 늘이다, 펴다

1 **extend**[iksténd] ex 밖에 + tend 늘이다 = 밖으로 늘이다 → **연장하다**

동 ① 연장하다, 길게 하다 extend **a road** 도로를 연장하다

② 베풀다, 제공하다 extend **one's support** 지원해 주다

2 **pretend**[priténd] pre 앞에 + tend 펴다 = 앞에 펼쳐 놓다 → **~인 체하다**

동 ~인 척하다, 가장하다 pretend **to be** ~인 체하다

Plus 아이들의 상상 놀이, 역할놀이에 Let's pretend (that) ~ 표현이 자주 쓰여요.

3 **intense**[inténs] in ~쪽으로 + tense 늘이다 = (관심 등이) ~쪽으로 뻗은 → **열심인**

형 ① 강렬한, 심한 intense **pressure** 심한 압력

② 열정적인, 열렬한 an intense **conversation** 열정적인 대화

flu flow 흐르다

1 **fluid**[flúːid] flu 흐르다 + id 형용사 접미사 = 흐르는 듯한 → **유동적인**

명 액체 brake fluid 브레이크 오일

형 부드러운, 우아한, 유동적인 a fluid **substance** 유동적인 물질

2 **fluent**[flúːənt] flu 흐르다 + ent 형용사 접미사 = 흐르는 듯한 → **유창한**

형 유창한, 능통한 fluent **in** ~에 능통한

3 **influence**[ínfluəns] in 안으로 + flu 흐르다 + ence 명사 접미사 = 안으로 흘러오는 것 → **영향을 미침**

명 영향(력) strong influence **on** ~에 미치는 강한 영향력

동 영향을 미치다 influence **the decision** 결정에 영향을 미치다

생활속 영어 표현 4

- **퓨전 요리** 다른 나라의 음식 재료나 조리법을 섞어서 새로 만든 요리를 퓨전 요리라고 하죠. '융합'이라는 뜻의 fusion에서 만들어진 표현이에요.
- **인플루언서** SNS 등에서 팔로워가 많아 다양한 분야에서 영향력을 행사하는 사람들을 일컫죠. '영향'이라는 뜻의 influence에 사람을 의미하는 접미사 -er을 붙여 만들어진 단어(influencer)예요.
- **텐션** '텐션이 높다'처럼 우리나라에서는 활기차고 흥분된 상태를 뜻하는 말로 자주 쓰이죠. '긴장'을 뜻하는 tension이 들어간 영어 표현에서는 실제로 '활기'보다는 '긴장'을 뜻하는 단어예요.
- **리펀** 물건을 환불할 때 '리펀하다', 여행시 세금을 환급받을 때 '택스 리펀'이라고 사용해요. '환불'을 뜻하는 refund를 사용한 표현이에요.

fusion, tension에는 명사 접미사 -ion이, influencer에는 사람을 뜻하는 명사 접미사 -er이, refund에는 'back'을 뜻하는 접두사 re-가 쓰였어요. 우리 주변에 자주 쓰이는 영어 표현 속에서도 접두사, 접미사는 이렇게 쉽게 찾아볼 수 있답니다.

fus/fund pour 붓다

1 **fusion** [fjúːʒən] fus 붓다 + ion 명사 접미사 = 부어서 합쳐진 것 → 융합

[명] 융합, 결합 a fusion of *A* and *B* *A*와 *B*의 결합

2 **confuse** [kənfjúːz] con(=com) 함께 + fus(e) 붓다 = 함께 붓다 → 혼동하다

[동] 혼동하다, 혼동시키다 confuse *A* with *B* *A*와 *B*를 혼동하다

3 **refund** [rifʌ́nd] re 뒤로 + fund 붓다 = 다시 쏟아내다 → 환불하다

[동] 환불하다 refund **one's money** 돈을 환불해 주다

[명] 환불(금) a full refund 전액 환불

1 The teacher decided to extend the deadline for the paper.

선생님은 보고서의 마감 시간을 연장해 주기로 결정했다.

extend	연장하다		

2 The children like to pretend to be superheroes. 아이들은 슈퍼 영웅인 척하는 것을 좋아한다.

pretend	~인 척하다		

3 The athlete felt intense pressure during the competition.

운동선수는 경기 중에 심한 압박감을 느꼈다.

intense	심한		

4 Her dance movements were so fluid. 그녀의 춤사위는 정말 물 흐르는 듯했다.

fluid	우아한		

5 He was fluent in English, Japanese, and Korean. 그는 영어, 일본어, 그리고 한국어에 능통했다.

fluent	능통한		

6 Her words had a significant influence on our decision.

그녀의 말은 우리의 결정에 중대한 영향을 끼쳤다.

influence	영향

7 It showed the fusion of technology and education. 그것은 기술과 교육의 융합을 보여주었다.

fusion	융합

8 I always confuse him with his twin brother, Tom. 나는 항상 그와 그의 쌍둥이 형, Tom을 혼동한다.

confuse	혼동하다

9 The passengers will be given a refund for their tickets. 승객들은 탑승권을 환불 받을 것이다.

refund	환불

Word Box

deadline 마감일, 최종 기한   paper 과제, 논문   movement 동작, 몸짓   significant 중대한, 상당한   passenger 승객

움직임·행동 표현의 어근 ④ cur, pos, termin

cur care 돌보다, 관심을 가지다

1 cure [kjuər]   cure 돌보다 → **치료하다**

- 동 치료하다   **be cured of the disease** 질병에서 치유되다
- 명 치료법, 치유   **discover a cure for** ~의 치료법을 발견하다

2 curious [kjúəriəs]   cur(i) 관심을 가지다 + ous 형용사 접미사 = 관심있는 → **호기심 많은**

- 형 호기심 많은, 궁금해하는   **curious children** 호기심 많은 아이들
              curious about ~에 대해 궁금해하는

3 curator [kjúəréitər]   cur(a) 관심을 가지다 + tor 명사 접미사 = 관심을 가지는 사람 → **큐레이터**

- 명 (박물관, 미술관 등의) 전시 책임자, 큐레이터   **a curator at the exhibition** 전시 책임자, 전시회 큐레이터

pos place, put 놓다

1 position [pəzíʃən]   pos(it) 놓다 + ion 명사 접미사 = 놓은 곳 → **위치**

- 명 위치, 입장, 처지, 자리   **if I were in your position** 내가 너의 입장이라면
- 동 배치하다, 자리를 잡다   **position between A and B** A와 B 사이에 자리잡다

2 deposit [dipázit]   de 아래로 + pos(it) 놓다 = 아래에 두다 → **~에 두다, 예금하다**

- 동 놓다, 두다, 예금하다   **deposit money in a bank** 은행에 예금하다
- 명 예금, 보증금   **put down a deposit on** ~에 대한 예약금[보증금]을 걸다

3 purpose [pə́ːrpəs]   pur(= pro) 앞에 + pos(e) 놓다 = 앞에 놓은 것 → **목적**

- 명 목적   **the purpose of working hard** 열심히 일하는 목적
          on purpose 고의로, 일부러

termin으로 알아보는 끝내주는 이야기

어근 termin은 end, '끝내다'라는 뜻이에요. 유명한 영화 시리즈 <The Terminator>에서는 AI 로봇들이 지배하는 미래 세상에서 온 터미네이터가 인류의 희망을 끝장내려고 하죠. 'termin + ate(동사 접미사) + or(명사 접미사)'로 이루어져 있어요. terminate에 명사 접미사 -ion을 붙여 termination이 되면 '종결'이라는 뜻인데요, 공식적으로 어떤 일을 끝낼 때 쓰여요.

- **termination** of employment 고용 기간 종료
- **termination** of a contract 계약 파기, 계약 종료
- **termination** of a right 권리 소멸
- **termination** of (the) war 종전

termin end 끝내다, 한계

1 **terminate** [tə́ːrmənèit]   termin 한계 + ate 동사 접미사 = 끝내다

   동) 끝내다, 종결하다   terminate **a contract** 계약을 종결하다

---

2 **terminal** [tə́ːrmənl]   termin 끝내다 + al 형용사 접미사 = 끝의 → **말기의**

   형) 말단의, 말기의   the terminal **stage** 말기

   명) 말단, 종착역, 터미널   **a bus** terminal 버스 터미널

---

3 **determine** [ditə́ːrmin]

   de 완전히 + termin(e) 한계를 정하다 = 완전히 한계를 정하다 → **결정짓다**

   동) ① 결정하다, 확정 짓다   determine **expenses** 비용을 결정하다

      ② 알아내다, 밝히다   determine **the cause of the problem** 문제의 원인을 밝히다

1 Researchers are working to discover a cure for cancer.

연구원들은 암 치료법을 발견하기 위해 일하고 있다.

cure	치료법		

2 I'm curious about the results of the experiment. 나는 그 실험의 결과가 궁금하다.

curious	궁금해하는		

3 The museum's curator carefully selected the artworks.

그 박물관의 전시 책임자는 미술품을 세심하게 선정했다.

curator	전시 책임자		

4 I believe it's the right time to apply for the position.

나는 지금이 그 자리에 지원하기에 적당한 때라고 생각한다.

position	자리		

5 She was asked to pay a deposit in advance. 그녀는 미리 보증금을 납부하도록 요청받았다.

deposit	보증금		

6 The main purpose of our trip was to see the aurora.

우리 여행의 주된 목적은 오로라를 보는 것이었다.

purpose	목적		

7 The committee decided to terminate the project. 위원회는 그 프로젝트를 종결하기로 결정했다.

terminate	종결하다		

8 We're departing from the express bus terminal. 우리는 고속버스 터미널에서 출발한다.

terminal	종착역, 터미널		

9 They had to determine the cause of the problem. 그들은 문제의 원인을 파악해야만 했다.

determine	알아내다		

Word Box

researcher 연구원   experiment 실험, 시험   in advance 미리, 사전에   aurora 오로라   express 고속의, 급행의

Check Your Words

중심 어근의 뜻을 생각하며 빈칸에 단어의 뜻을 써 보세요.

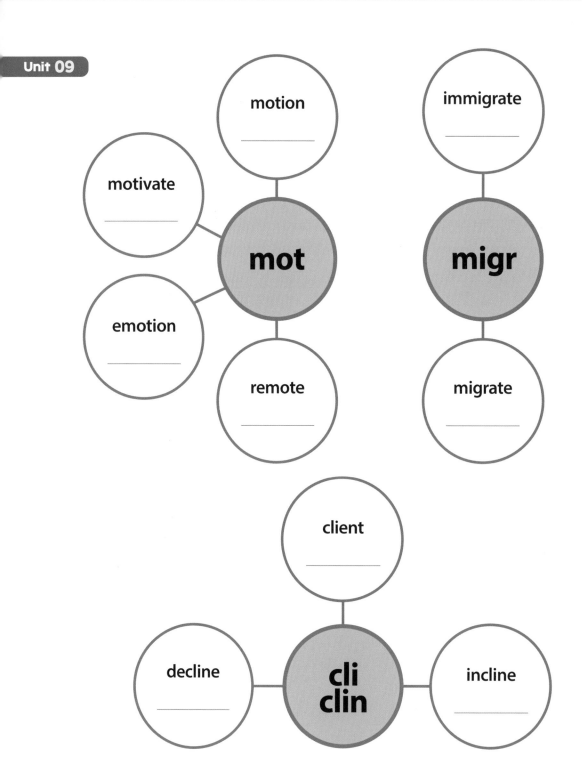

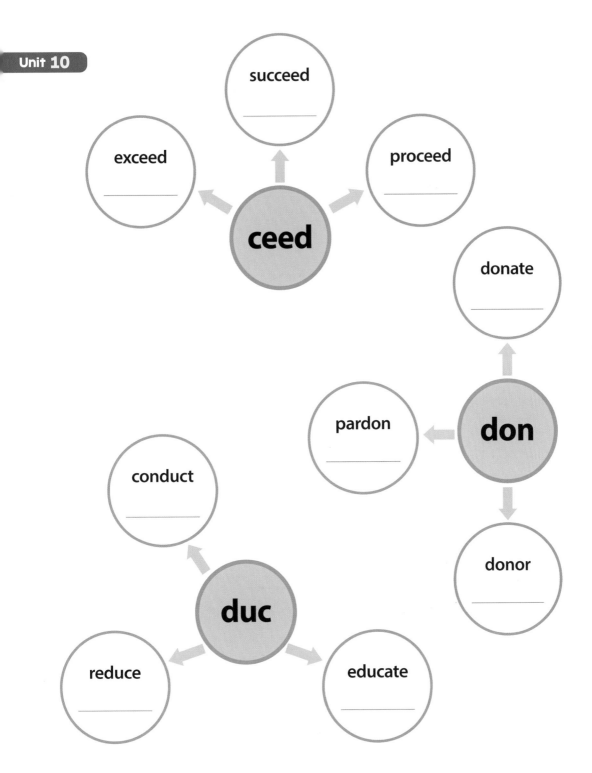

succeed
_____

exceed
_____

proceed
_____

ceed

donate
_____

pardon
_____

don

donor
_____

conduct
_____

duc

reduce
_____

educate
_____

Check Your Words

중심 어근의 뜻을 생각하며 빈칸에 단어의 뜻을 써 보세요.

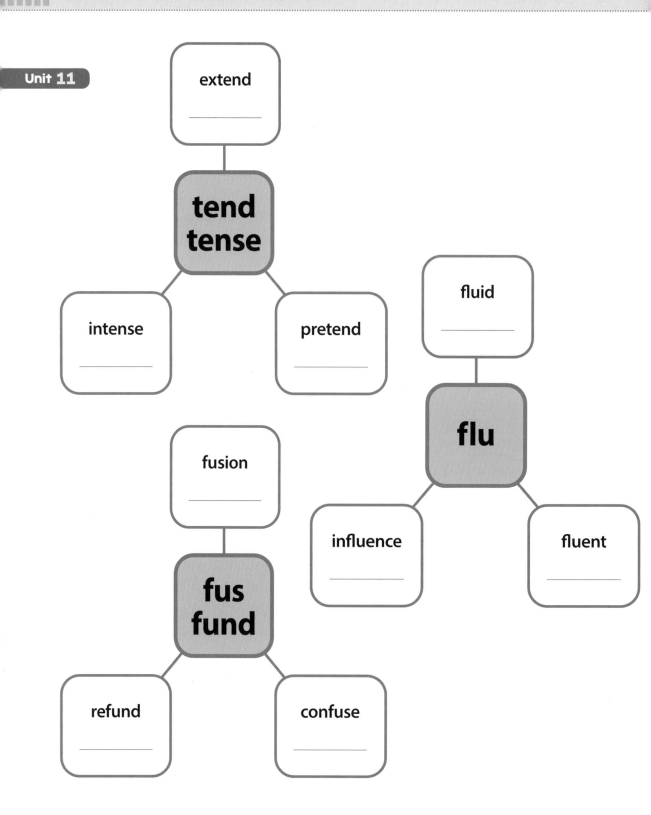

extend
_____

tend
tense

intense
_____

pretend
_____

fluid
_____

flu

influence
_____

fluent
_____

fusion
_____

fus
fund

refund
_____

confuse
_____

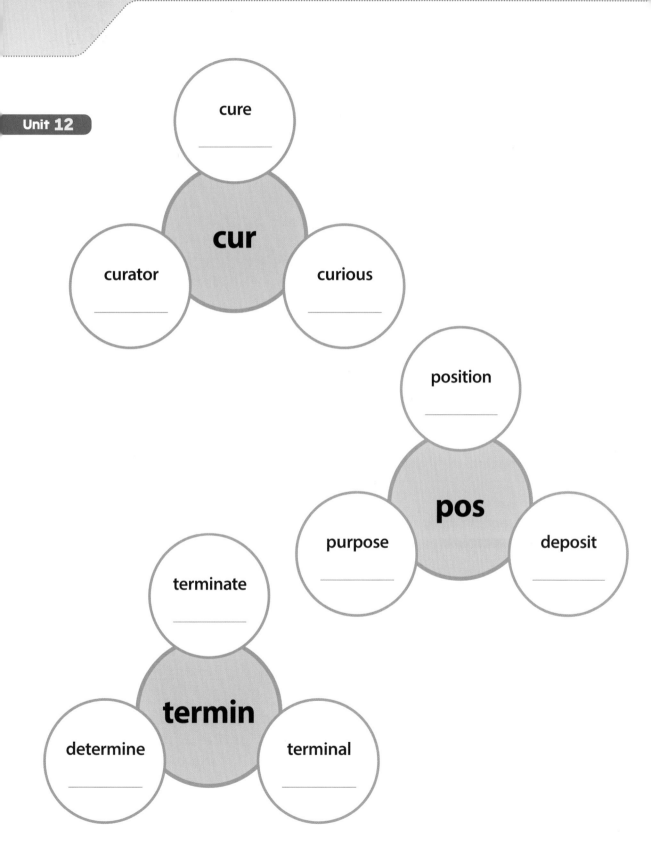

cure
_____

cur

curator
_____

curious
_____

position
_____

pos

purpose
_____

deposit
_____

terminate
_____

termin

determine
_____

terminal
_____

Unit 13
사람 의미의 어근 soci, popul, publ

soci friend, companion 친구, 동반자

1 social[sóuʃəl] soci 동반자 + al 형용사 접미사 = 친구와 함께하는 → 사회의

형 사회의, 사회적인 a social issue 사회적인 이슈

social status 사회적 지위

2 society[səsáiəti] soci 동반자 + ety 명사 접미사 = 사회

명 사회, 협회, 단체 members of society 사회 구성원

3 associate[əsóuʃièi] as(= ad) ~에 + soci 동반자 + ate 동사 접미사 = ~의 동반자가 되다 → 교제하다

동 ① 연상하다, 관련지어 생각하다 associate success with wealth 성공을 부와 연관시키다

② (좋지 않은 사람들과) 어울리다, 교제하다 associate with strange people 이상한 사람들과 어울리다

명 동료, 친구 criminal associates 공범자들

popul people 사람들

1 population[pàpjuléiʃən]

popul 사람들 + ate 동사 접미사 + ion 명사 접미사 = 사람들이 있는 것 → 인구

명 인구, 주민 the Asian population 아시아 인구

2 popular[pápjulər] popul 사람들 + ar 형용사 접미사 = 사람들의 → 사람들이 좋아하는 → 인기 있는

형 인기 있는, 대중적인 a popular tourist destination 인기 있는 관광지

3 popularity[pàpjulǽrəti]

popul 사람들 + ar 형용사 접미사 + ity 명사 접미사 = 사람들이 좋아하는 것 → 인기

명 인기 grow in popularity 인기가 높아지다

'사람'을 뜻하는 다른 어근들

- demo → **demo** + **cracy** (power) = **democracy** 민주주의
- anthro(p) → **anthro(p)** + **ology** (study) = **anthropology** 인류학
- homo → **homo** + **sapiens** (intelligent) = **Homo sapiens** 호모사피엔스, 현 인류
- man → **man** + **kind** (종류) = **mankind** 인류
- human → **human** + **ity** (특성을 나타내는 접미사) = **humanity** 인간성

publ people 사람들

1 **public**[pʌ́blik]   publ 사람들 + ic 형용사 접미사 = 사람들의 → 공공의

    형 대중의, 공공의   public opinion 여론

    명 일반 사람들, 대중   open to the public 일반에 공개하다

2 **publish**[pʌ́bliʃ]   publ 사람들 + ish 동사 접미사 = 사람들이 알게 하다 → 출판하다

    동 출판하다, 발표하다   publish a novel 소설을 출판하다

3 **republic**[ripʌ́blik]   re(= res) 독립체 + publ 사람들 + ic 형용사 접미사 = 사람들의 독립체 → 공화국

    명 공화국   The Republic of Korea (ROK) = South Korea 대한민국

1 Bees are social animals that work together in a hive.

벌들은 벌집에서 함께 일하는 사회적인 동물이다.

social	사회적인		

2 We have grown up in a democratic society. 우리는 민주주의 사회에서 자랐다.

society	사회		

3 People often associate the color red with passion. 사람들은 종종 빨간색에서 열정을 연상한다.

associate	연상하다		

4 China had the largest population in the world. 중국은 세계에서 가장 많은 인구를 가지고 있었다.

population	인구		

5 He was very popular among his classmates. 그는 반 친구들 사이에서 매우 인기가 있었다.

popular	인기 있는		

6 E-sports is growing in popularity these days. e-스포츠는 요즘 인기가 높아지고 있다.

popularity	인기

7 We enjoy spending time in public places like parks and libraries.

우리는 공원이나 도서관 같은 공공장소에서 시간을 보내는 것을 즐긴다.

public	공공의

8 The author has published 10 books over the past 20 years.

그 작가는 20년이 넘는 동안 10권의 책을 출판했다.

publish	출판하다

9 In a republic, citizens are protected by the rule of law.

공화국에서 시민들은 법률의 보호를 받는다.

republic	공화국

Word Box

hive 벌집, 벌통   democratic 민주주의의, 민주적인   author 작가, 저자

Unit 14 출생과 죽음의 어근 gen/gener, mort

MP3-095

gen/gener birth, produce 출생, 생성하다

1 generation [dʒènəréiʃən]

gener 출생 + ate 동사 접미사 + ion 명사 접미사 = (같은 시대에) 태어나는 것 → 세대

명 세대 **the younger** generation 젊은 세대

future generations 미래 세대

2 generous [dʒénərəs] gener 출생 + ous 형용사 접미사 = 고귀한 출생의 → 관대한

형 (인심이) 후한, 너그러운, 관대한 **a generous donor** 후한 기부자, 거액의 기부자

generous **to** ~에게 관대한

3 gene [dʒiːn] gen(e) 출생 = 출생할 때 가지는 것 → 유전자

명 유전자 gene **therapy** 유전자 치료

inherit a gene 유전자를 물려받다

4 genetic [dʒənétik] gen(e) 출생 + tic 형용사 접미사 = 출생과 관련한 → 유전의

형 유전의, 유전학의 genetic **defect** 유전적 결함

genetic **factors** 유전적 요인들

5 general [dʒénərəl] gener 출생 + al 형용사 접미사 = 출생이 서로 관련된 → 보편적인

형 일반적인, 보편적인, 전체적인, 종합적인 **a** general **hospital** 종합병원

명 장군, 대장 General **George Washington** 조지 워싱턴 장군

6 gender [dʒéndər] gen 출생, 종류, 유형 + der (고대 프랑스어에서 유래) 종류 = 성별

명 성, 성별 gender **stereotype** 성 고정 관념

gender **equality** 성평등

뉴스에서 만나는 출생과 죽음을 뜻하는 어근 단어들

출생과 죽음을 뜻하는 어근 단어들은 논쟁이 많은 사회, 과학 분야 기사나 이슈들에 자주 등장해요.

- genetics 유전학 → **genetic engineering** 유전 공학

  생명 공학의 일부로 유전자 재조합 기술에 기초하기 때문에 개인의 유전 정보를 다루는 것에 대한 보안 이슈가 있어요

- generation 세대 → **generation gap** 세대 차이

  generation은 30년을 단위로 하는 세대를 의미하기 때문에 세월에 따른 세대 간의 가치관이나 의견 차이 등을 이야기할 때 자주 등장해요.

- gender 성별 → **gender issue** 젠더 이슈

  gender는 주로 언어학에서 단어에 남성, 여성, 중성을 부여하고, 대명사나 관사 등의 쓰임을 달리하는 데 사용되었으나 현대에는 성평등에 관한 정책 등을 논의할 때 자주 사용돼요.

mort death 죽음

① **mortal**[mɔ́:rtl]   mort 죽음 + al 형용사 접미사 = 죽음의 → 언젠가는 죽는

형 ① 영원히 살 수 없는, 언젠가는 죽는 Humans are all mortal. 인간은 모두 죽는다.

② 치명적인, 매우 심각한 a mortal wound 치명적인 부상

Plus <해리 포터> 속 인물인 볼드모트(Voldemort)의 이름 속에도 어근 mort가 있어요. vol(비행) + de(~의) + mort(죽음) → 죽음의 비행(Flight from death)

② **immortal**[imɔ́:rtl]   im ~이 아닌(부정) + mort 죽음 + al 형용사 접미사 = 죽지 않는 → 불멸의

형 불멸의, 불후의 an immortal soul 불멸의 영혼

immortal words 불후의 명언

③ **mortgage**[mɔ́:rgidʒ]

mort 죽음 + gage 약속 = 죽음의 약속 → 죽음의 약속으로 돈을 갚겠다는 데서 유래 → 대출(금)

명 (담보) 대출(금), 융자(금), 저당 mortgage payments 담보 대출금

Write the Words

다음 문장을 듣고, 표시된 단어와 그 뜻을 쓰며 암기해 보세요.

MP3-096

1 This is the new generation of electric vehicles. 이것은 차세대 전기차이다.

generation	세대		

2 She is always generous to her friends. 그녀는 항상 친구들에게 관대하다.

generous	관대한		

3 A gene is a short segment of DNA. 유전자는 DNA의 작은 조각이다.

gene	유전자		

4 Certain diseases can be influenced by genetic factors.

어떤 질병들은 유전적인 요인의 영향을 받을 수 있다.

genetic	유전적인		

5 In general, I'm an optimistic person. 전반적으로, 나는 낙천적인 사람이다.

general	일반적인		

6 Sometimes toys reinforce gender stereotypes.

때때로 장난감이 성 고정 관념을 강화한다.

gender	성, 성별		

7 It reminded us that humans are mortal beings.

그 일은 인간이 영원히 살 수 없는 존재라는 것을 우리에게 상기시켜 주었다.

mortal	언젠가는 죽는		

8 The Greek gods are immortal, but have emotions.

그리스 신들은 불멸이지만 감정을 가지고 있다.

immortal	불멸의		

9 They got a mortgage to buy a house. 그들은 집을 사기 위해 담보 대출을 받았다.

mortgage	(담보) 대출		

Word Box

electric vehicle 전기 자동차   optimistic 낙관적인, 긍정적인   reinforce 강화하다   stereotype 고정 관념, 정형화된 표현

Check Your Words

중심 어근의 뜻을 생각하며 빈칸에 단어의 뜻을 써 보세요.

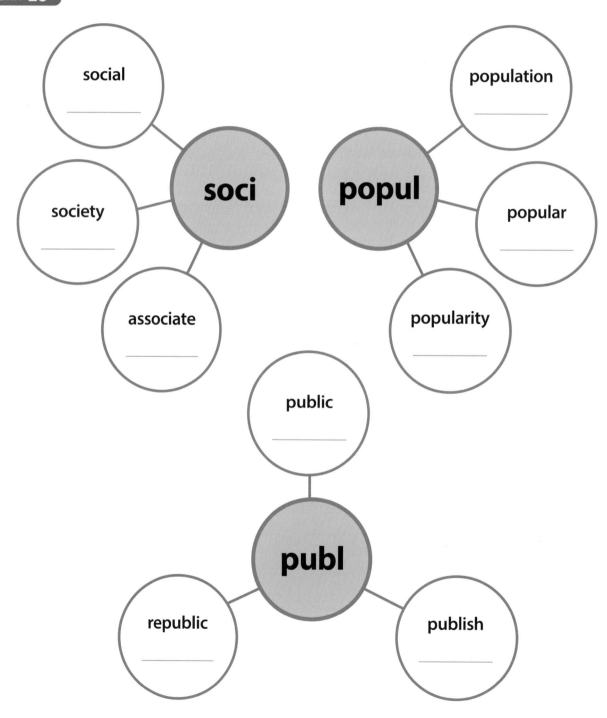

social
_____

society
_____

associate
_____

soci

popul

population
_____

popular
_____

popularity
_____

public
_____

publ

republic
_____

publish
_____

generation
_____

gender
_____

generous
_____

gen
gener

general
_____

gene
_____

genetic
_____

mortal
_____

mort

mortgage
_____

immortal
_____

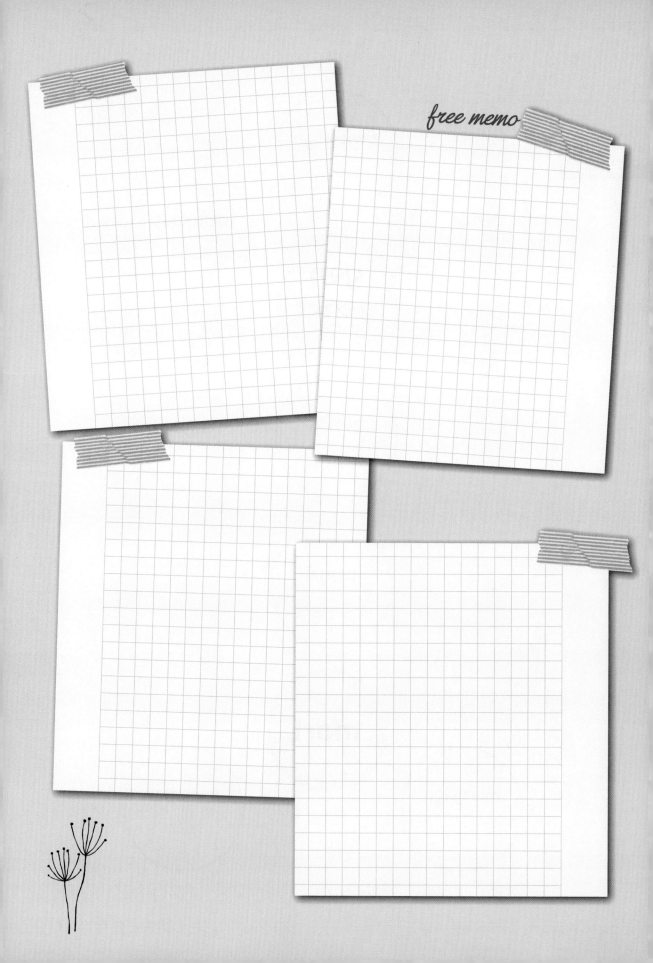

free memo